D1741872

En Busca del Mundo Perdido

La búsqueda modernista de la Cosa, la Materia y el Cuerpo

Tsaiyi Wu

Centro de Investigación de Literatura Comparada y Literatura Mundial
Universidad Normal de Shanghai

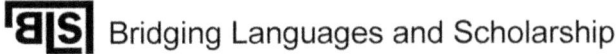 Bridging Languages and Scholarship

Serie en Estudios Literarios

 VERNON PRESS

Vernon Press 2024. Este libro tiene una licencia Creative Commons Atribución 4.0 Internacional (CC BY 4.0), que es la licencia más abierta disponible y se considera la "ruta dorada" de la industria para el acceso abierto. Esta licencia permite compartir, copiar, distribuir y transmitir el texto, adaptarlo y hacer uso comercial de este siempre que se atribuya a los autores y se haga una referencia completa al libro de la siguiente manera:

Tsaiyi Wu, *En Busca del Mundo Perdido: La búsqueda modernista de la Cosa, la Materia y el Cuerpo*, Vernon Press, 2024. https://vernonpress.com/book/1885

Más información sobre la licencia CC BY está disponible en https://creativecommons.org/licenses/by/4.0/deed.es

Los derechos de autor, atribuciones y/o permisos para el material de terceros incluidos en este libro pueden diferir y se indican según corresponda.

www.vernonpress.com

En América:
Vernon Press
1000 N West Street, Suite 1200
Wilmington, Delaware, 19801
United States

En el resto del mundo:
Vernon Press
C/Sancti Espiritu 17,
Malaga, 29006
Spain

 Bridging Languages and Scholarship

Serie en Estudios Literarios

Número de control de la Biblioteca del Congreso (EEUU): 2023949177

ISBN: 978-1-64889-805-1

Diseño de portada por Bill Graham.

Se han hecho todos los esfuerzos posibles para rastrear a todos los titulares de derechos autor, pero si alguno ha sido pasado por alto inadvertidamente, la editorial se complacerá en incluir los créditos necesarios en cualquier reimpresión o edición posterior.

Esta publicación ha sido posible gracias a la concesión de una subvención de investigación del Proyecto de Investigación de Filosofía y Ciencias Sociales de la ciudad de Shanghai (número de subvención: 2021EWY007), los premios de investigación de la Facultad de Humanidades y el Equipo Innovador de Literatura Comparada Internacional, Universidad Normal de Shanghai.

Para quien ha amado de verdad y con valentía.

Tabla de Contenidos

Resumen

Históricamente, el libro estudia cómo los artistas modernistas, como primera generación que comenzó a replantearse el legado del idealismo solipsista, trataron de frenar su impulso antropomórfico y reconocer la alteridad de la 'cosa'. Con intensa pasión, los modernos recrean el yo para recrear sus relaciones con el mundo material: amando una estatua de mármol, captando impresiones fugaces o recuperando la memoria sensorial. Desde el punto de vista teórico, el libro conversa con los intereses desantropocéntricos y materialistas de actualidad en el siglo XXI, y propone que el artista puede escapar del antropocentrismo mediante la transformación del yo, en su anhelo hacia el mundo material.

El desantropocentrismo, o el intento de acercarse al mundo material de un modo que no esté ya centrado en la percepción humana, es una de las ideas más destacadas de las humanidades del siglo XXI. El libro aborda estudios contemporáneos, como la Ontología Orientada a Objetos, la Teoría de las Cosas, el Nuevo Materialismo y el Posthumanismo, pero yo me centro en otra dimensión que a menudo se pasa por alto: *los esfuerzos que deben realizarse para alcanzar el desantropocentrismo, así como los efectos de adoptarlo.* La metafísica kantiana es antropocéntrica porque eleva la razón humana como medida del conocimiento — y para huir del antropocentrismo, debemos preguntarnos, ante todo, *cómo escapar de la razón universal kantiana. Es decir, el desantropocentrismo implicaría forzosamente una transformación subjetiva.* Mientras que Bill Brown y Graham Harman sostienen que el arte sirve para replantear la cosa de modo que podamos ver otras facetas de ella, mi libro sostiene que la otra mitad del proyecto consiste en recrear el yo de modo que veamos la cosa bajo un nuevo prisma.

Primera Parte, "Artificialidad," inicia el debate con el poema de Baudelaire "La Beauté" en la que el poeta reniega de sus impulsos antropomórficos dedicándose a amar la piedra inaccesible, y define esta relación de amor no correspondido y búsqueda perpetua como lo bello. Esta discusión sobre el poema se contextualiza en el culto a la artificialidad del fin-de-siècle, donde artistas como Theophile Gautier, J.K. Huysmans y Gustave Moreau se sienten fascinados por estatuas de mármol insensibles y superficies engalanadas. El culto a la artificialidad es una traviesa subversión de la máxima de Hegel de que la interioridad es superior a la materia. En el culto a la artificialidad, el arte es superior a la naturaleza, pero ahora el arte se reconfigura como una superficie inorgánica y sensorial que desafía la significación y subyuga al corazón sensible. La artificialidad es, pues, la alegoría del fin-de-siècle de cómo la imaginación podría no definirse como una interioridad trascendental, sino que se relacionaría de formas ingeniosas con la materialidad.

Segunda Parte, "Ficción Autofilosófica," explica cómo el cultivo estético es un tema importante para Pater, Proust y Woolf, ya que todos ellos están interesados en los últimos avances de la psicología empirista, que permite la posibilidad de escapar a la razón trascendental kantiana (en aquel momento ya concebida como una barrera contra la plenitud del mundo sensorial), si uno se compromete a cultivar sus capacidades de recepción para registrar pensamientos y sensaciones pasajeras. La Ficción Autofilosófica es un género en el que los artistas prueban las ideas filosóficas en el laboratorio de sus vidas, y traducen así el ideal estético—la forma en que cada uno desea relacionarse con el mundo—en un viaje de autocrítica y autocultivo. La ficción autofilosófica es una aproximación única a la verdad, ya que convierte la teoría en sentimientos, experiencias y prácticas transformadoras, mientras que mi libro sostiene que el desantropocentrismo no puede realizarse sin tales indagaciones sobre cómo la teoría puede modelar y dar forma al yo.

En conjunto, mi libro sostiene que el desantropocentrismo, que debe implicar una transformación del yo para escapar de la percepción centrada en el ser humano, no puede basarse en una metafísica que presuponga las condiciones de una subjetividad universal, sino que debe ser una forma de investigación estética que recree el yo— sus deseos y percepciones—para así recrear nuevas relaciones con el mundo.

Palabras clave: Modernismo francés y británico, desantropocentrismo, estética del yo.

Agradecimientos

He pasado siete años escribiendo este libro—cuatro años durante mi formación doctoral en la Universidad de Indiana Bloomington, EE.UU., y otros tres años para revisar mi tesis hasta darle la forma actual en la Universidad Normal de Shanghai, China, donde actualmente ejerzo como profesor. Estas son dos maravillosas universidades que me han concedido espacio, tiempo y seguridad financiera para construir este proyecto—a ellas les estaré eternamente agradecido. Me gustaría dar las gracias a Argiris Legatos, el responsable de la selección de los manuscritos en Vernon Press, cuya paciencia e inquebrantable apoyo han hecho de la producción del libro un proceso sumamente enriquecedor y gratificante; a la profesora Maurizia Boscagli y a la profesora Gayle Rogers, las supervisoras del libro, cuyos perspicaces comentarios han contribuido a afinar mi lenguaje y a ampliar mi visión. Agradezco el apoyo de mis queridos amigos, Micah Tewers, cuya pasión por la filosofía me ha inspirado a lo largo del camino, y Bill Graham, que ha diseñado la imagen de la portada de este libro.

Sigo en deuda con mi director de doctorado, el profesor Jacob Emery, cuya confianza en mí en mis años de formación me permitió poner en marcha este aventurado proyecto, y con el profesor Scot Barnett, que me introdujo en los pensamientos contemporáneos, incluida la Ontología Orientada a Objetos que se ha convertido en la influencia más destacada de mi estudio. Me gustaría dar las gracias al profesor Graham Harman, que se ofreció a leer mi trabajo y me ha escrito cartas de recomendación. Su valiosa colaboración con los jóvenes académicos ejemplifica su visión metafísica de la democracia y ha contribuido a convertir el mundo académico en un espacio más abierto y propicio al diálogo.

En el clásico atemporal de Joseph Campbell, *El Héroe de la Mil Caras*, este propone que existe una única estructura universal que se encuentra en todos los mitos, cuentos de hadas y fantasías de todos los tiempos y culturas. Esta estructura monomítica es una de búsqueda y transformación, en la que el héroe o la heroína deben adentrarse voluntariamente en lo que Campbell denomina "el vientre de la ballena," abrirse camino a tientas por un terreno desconocido y someterse a una serie de pruebas para alcanzar finalmente un premio simbólico—mientras que el propósito del rito de iniciación es convertir al joven adulto en lo que está destinado a ser. Escribir este libro es todo un rito de iniciación, y no sería exagerado decir que mi asesor y los mentores antes mencionados han desempeñado un papel activo en la configuración de mi relación con el mundo académico durante mis años de formación. Ellos me han inspirado para terminar este ambicioso proyecto, han cultivado en mí una verdadera confianza para superar los obstáculos y me han inculcado un arraigado sentimiento de gratitud hacia el mundo en general. Por lo que me han dado, me veo obligado a devolver lo mejor que tengo a mis compañeros y futuros estudiantes durante todos mis años en el mundo académico.

También agradezco los fondos recibidos del Proyecto de Investigación en Filosofía y Ciencias Sociales de la Ciudad de Shanghái (número de subvención: 2021EWY007), los premios de investigación de la Facultad de Humanidades, así como del Equipo de Innovación de Literatura Comparada Internacional de la Universidad Normal de Shanghái, que en conjunto permiten que el libro se publique en formato de acceso abierto y se pueda traducir al español.

Tsaiyi Wu
Equipo de Innovación de la Literatura Comparada Internacional
Universidad Normal de Shanghai
Otoño 2022

Introducción

I. Los Modernistas en la Encrucijada

En el poema "L'Homme et la mer,"[1] Baudelaire plantea una relación muy intrincada entre el Hombre y la Naturaleza, en la que, por un lado, su tono afirmativo registra una ideología idealista con la que el hombre considera el mar como el espejo de su propia psique, y, en el plano del contenido, una lúcida exposición de que el propio mar tiene una profundidad que los humanos no podemos tocar.

> Homme libre, toujours tu chériras la mer !
> La mer est ton miroir ; tu contemples ton âme
> Dans le déroulement infini de sa lame,
> Et ton esprit n'est pas un gouffre moins amer.

Hombre y Naturaleza tienen, ambos, su insondable profundidad interior, mientras que la falsa correspondencia solo se da en la superficie, ya que el humano, muy atribulado por su tumultuosa psique, solo toma el mar como espejo para contemplar su propio semblante. Se sugiere una supuesta correspondencia entre el hombre y el mar mediante una estructura simétrica, ya que el alma del hombre ("ton âme") rima cuidadosamente con el filo de las olas del mar ("sa lame"), y la estrofa termina con "amer" que rima con "la mer," refiriéndose metafóricamente tanto al resentimiento psíquico del hombre como al agua salada y amarga del mar. Pero, aunque tanto el hombre como el mar tienen un significado intrínseco amargo, su parecido metafórico no fomenta un vínculo empático. En cambio, ambos están absortos en su propio "gouffre," mientras que los repetitivos sonidos guturales de la "r" sugieren esta autorreferencialidad: el hombre medita sobre sus propios pensamientos tormentosos, mientras que el mar se regocija en sus infinitas olas que ondean entre las cavernas del litoral.

El hombre no abraza ni escucha al mar. Más bien, si salta al mar, es para sumergirse en su propia imagen reflejada, e interpretar la conmoción del mar como si fueran gritos de su propia pasión.

---

[1] Charles Baudelaire, *Les Fleurs Du Mal*, 2nd ed. (Paris: Poulet-Malassis et de Broise, 1861), 36–37.

> Tu te plais à plonger au sein de ton image ;
> Tu l'embrasses des yeux et des bras, et ton cœur
> Se distrait quelquefois de sa propre rumeur
> Au bruit de cette plainte indomptable et sauvage.

Narcisista como es, el hombre posee una estética similar a la que Hegel denomina Arte Romántico. Para Hegel, el hombre alcanza la victoria espiritual sobre la naturaleza cuando deja de considerarla como una existencia por derecho propio, sino que se apropia de ella como expresión de su interioridad. Como Hegel señala en su *Estética*:

> Este mundo *interior* constituye el contenido de lo romántico y, por eso, tendrá que ser representado como tal interior y con la apariencia de tal interioridad. La interioridad celebra su triunfo sobre lo exterior y hace que este triunfo aparezca en lo exterior mismo, con lo cual queda desvirtuada la aparición sensible.[2]

Según el esquema dialéctico de Hegel, la evolución humana está marcada por el grado en que somos conscientes de nuestra Idea, y de los tres estadios del arte—simbólico, clásico, Romántico—representan las tres relaciones entre espíritu y materia en el proceso de evolución. La etapa Romántica es la cúspide de la evolución humana, en la que los seres humanos se vuelven totalmente conscientes de sus propios pensamientos, su pensamiento es libre e independiente de los poderes sensoriales de la materia, y así reclaman la victoria sobre la materia reduciendo su existencia a una imagen de pensamientos. En realidad, al afirmar que el mar es un reflejo de su propia imagen, el hombre no busca una correspondencia amigable con el mar, sino que intenta conquistarlo. Mientras que una auténtica correspondencia supone que el yo escuche al Otro y lo conozca en profundidad y con empatía, aquí el hombre quiere limitar el mar a una mera apariencia que a primera vista solo refleja su propio rostro.

El hombre es en este caso un típico poeta hegeliano, pero Baudelaire no hereda incondicionalmente el idealismo hegeliano. Mientras que el hombre pretende convertir al mar en una expresión de su yo interior, Baudelaire nos revela que el mar tiene una profundidad inconmensurable y una riqueza propia que el hombre desconoce. De un plumazo, Baudelaire también nos descubre que ese orgullo idealista es patéticamente ignorante.

---

[2] George W. F. Hegel, *Lecciones de Estética*, trans. Raúl Gabás Pallás (Barcelona: Península, 1989). Énfasis en el original.

Vous êtes tous les deux ténébreux et discrets :
Homme, nul n'a sondé le fond de tes abîmes ;
Ô mer, nul ne connaît tes richesses intimes,
Tant vous êtes jaloux de garder vos secrets !

Las dos frases simétricas que se refieren respectivamente al hombre y al mar vuelven a rimar a la perfección, pero esta armonía musical contradice el sentido sintáctico. "Intimes," que rima pero que contrasta con "abîmes," aquí no quiere decir "íntimo" sino "privado," refiriéndose a que el mar atesora en él sus preciadas riquezas materiales, mientras que el hombre tiene una psique que es un vacío sin fondo. El hombre está tan preocupado por su propia y oscura psique que no le queda energía para explorar el mar y mucho menos para entablar una amistad íntima con él. Mientras que los Románticos desearían convertir el mar en el reflejo superficial del hombre, los modernos, según se argumenta en este libro, empezaron a darse cuenta de que tal concepción estética no es más que una arrogancia antropocéntrica, que descuida lo que está más allá de lo estrictamente humano. Setenta años más tarde, Virginia Woolf, en su novela *Al Faro*, hace una observación similar, según la cual el deseo humano de "hacer que el mundo refleje la brújula del alma" es tan solo un sueño antropocéntrico ilusorio, porque el mar es un Otro independiente que no puede ser reducido simplemente al reflejo de nuestra psique:

¿Aquel sueño, pues, de compartir, de completar, de hallar en la soledad de la playa una respuesta, no era sino una imagen en un espejo?; y el propio espejo, ¿no sería sino una superficie pulida que se formase obedeciendo los poderes más nobles que durmieran en su interior?[3]

Como se explicará con más detalle en este libro, un aspecto importante del modernismo es que los artistas empezaron a ser terriblemente conscientes de que gran parte del legado idealista era ilusorio, de que lo que Hegel llama victoria trascendental solo puede alcanzarse cuando los humanos ignoran los poderes que duermen bajo el mar, y que seguramente son más nobles que los de nuestra especie, ya que hemos demostrado ser muy estrechos de mente.

En la última estrofa, Baudelaire se refiere en apóstrofe al hombre y al mar— "vous vous combattez sans pitié ni remord"— y proclama en tono mítico que la relación entre el hombre y el mar como "frères implacables." El hombre y el mar son hermanos porque el hombre está buscando similitudes en el mar— pero no por ello dejarán de luchar, porque esta semejanza se gana mediante la

---

[3] Virginia Woolf, *Al Faro*, trans. López Muñoz José Luis (Madrid: Alianza Editorial, 2008), 146.

reducción despiadada del Otro como si solo fuera una imagen de sí mismo. El poema es un conciso tratado filosófico de estética idealista, donde el deseo del hombre de transfigurar el mar en la expresión de sus pensamientos se revela narcisista e ingenuo, ya que el hombre ignora por completo que el mar, lejos de ser un espejo pasivo, posee un yo interior profundo y enriquecedor como el suyo propio.

Mientras que Baudelaire es un pionero del modernismo, Yeats, influenciado por sus contemporáneos franceses, resume el *ethos* del *fin-de-siècle* con el mismo conjunto de metáforas hombre-y-mar cargadas de valor mítico y metafísico. En la edición de 1899 de sus poemas recopilados, en el volumen titulado *Crossways (Encrucijadas),* W. B. Yeats deja aún más claro que la estética idealista no es más que una ilusión antropocéntrica. Los dos poemas que encabezan el volumen se titulan "La Canción del Pastor Alegre" y "El Pastor Triste,"[4] exponen dos actitudes contrapuestas: uno imagina con suficiencia que el objeto poético devolverá el eco del pensamiento humano, aunque solo momentáneamente, el otro se da cuenta, apenado, de que la cosa material es un Otro ajeno, indiferente a los pesados pensamientos que el pastor ansía expresar. "La Canción del Pastor Feliz" nos lleva a la comprensión histórica de que ya no podemos disfrutar de una unión idílica con la naturaleza—"Los bosques de Arcadia yacen muertos, / y su lejana alegría ya no existe"— presumiblemente porque, después de Kant, nos damos cuenta de que el mundo material se reduce a la imagen de nuestros pensamientos: "incluso la errante tierra puede ser / Solo una palabra que breve luce." El pastor feliz, sin embargo, persiste en el orgullo idealista de que los humanos estamos autorizados a definir el mundo con nuestras propias palabras: "La verdad no existe / Sino en tu propio corazón." Su nuevo lema ahora, que repite como estribillo varias veces a lo largo del poema, es un pareado perfectamente rimado cuyos sonidos fluidos sugieren autosuficiencia:

> For words alone are certain good:
> Sing, then, for this is also sooth.

> Solo las palabras son un bien cierto:
> Canta entonces, que esto es cierto también.

El poeta equipara "words" con la superioridad ética ("good") y la Certeza científica ("sooth," "truth"), y con el sonido O que evoca un círculo cerrado de autosuficiencia— él, con su poder poético, construye de hecho un edificio idealista en el que uno podría aferrarse a las palabras como si fueran la verdad.

---

[4] William Butler Yeats, *Poems* (London: T. Fisher, 1899), 185–89.

Sin embargo, el tono del pastor se muestra a la defensiva y oculta una ansiedad subyacente. Cuando dice que "solo las palabras son un bien cierto," quiere prohibirnos que exploremos otras posibilidades. Las palabras deben ser separadas de los hechos que podrían seguirlas, y uno debe proteger nuestra "verdad humana" renunciando conscientemente a nuestro deseo de buscar la verdad tal cual es, o de explorar el vasto y desconocido universo.

> No adores, pues, hazañas polvorientas,
> Ni quieras, pues esto es cierto también,
> Ansiar intensamente la verdad,
> No sea que tus afanes alimenten
> Sueños y sueños; la verdad no existe
> Sino en tu propio corazón. No busques
> El vano conocer de esos ilusos,
> Que con sus cristales ópticos siguen
> Las sendas rotatorias de los astros.
> Ni busques, pues esto es cierto también
> Palabra alguna de ellos. La rutina
> De una estrella rompió sus corazones:
> Muerta está toda su verdad humana.

Para el pastor, los astrónomos que se dedican a explorar el universo no serían recompensados con la felicidad, pues las frías estrellas perforarían la frágil ilusión de "la verdad humana" y desgarrarían así su corazón. Aquí el pastor parece ser plenamente consciente de los sacrificios que un idealista debe hacer para justificar el valor de la verdad de las palabras humanas—disociando las palabras del mundo, el significante del significado y envolviendo su visión en un caparazón familiar y protector.

Lo que el pastor nos aconseja buscar, es pues, un objeto dócil que corrobore incondicionalmente nuestra verdad humana. Es decir, se puede ir a la orilla del mar a recoger una "concha espiral que abrigue un eco," que parece que nos habla pero que, en realidad, solo nos devuelve el eco de nuestra propia voz durante unos instantes.

> Ve y coge junto al bullente mar
> Una concha espiral que abrigue un eco,
> Y narra junto a sus labios tu historia,
> Pues ellos te podrán reconfortar
> Con arte melodioso repitiendo
> Tus palabras de queja unos instantes
> Hasta que el canto compasivo acabe
> Y una fraternidad de nácar muera.

> Solo las palabras son un bien cierto:
> Canta entonces, que esto es cierto también.

Aunque el pastor solo quiere oír sus propias palabras, le resulta extrañamente reconfortante que un objeto natural, externo a él, sólido y tangible, le devuelva su eco. Los ecos de la concha marina de la historia del pastor, sin embargo, son momentáneos. En poco tiempo "el canto compasivo acaba", deshaciendo en rima la promesa de que las palabras por sí solas son una cierta "verdad."

Pero ¿qué es exactamente lo que no es cierto y quién miente aquí? La concha marina tiene una forma retorcida, pero su "arte melodioso" es precisamente el eco de las propias palabras del pastor. Se trata de una estructura de espejo que prevalece en todos los poemas de correspondencia espuria, cuyo reflejo más fiel también se considera una ilusión, ya que el reflejo no tiene esencia física; es decir, la imagen propia no es una correspondencia genuina y conversacional que presuponga la alteridad.[5] La cautivadora concha marina de Yeats cambia nuestra estructura del deseo, de una arrogante autosuficiencia a la frustración de Narciso: el dilema de que el amante solo se desea a sí mismo, pero encuentra su propia imagen especular o resonante incapaz de corresponderle—ya que la correspondencia presupone, en primer lugar, una alteridad, un ser amado independiente. Tal como lo capta Yeats, el *fin-de-siècle* es una época en la que el poeta empieza a encontrar frustrado al Narciso idealista, porque ahora está enamorado, amor que apunta necesariamente a la correspondencia con otro.

Entonces debemos preguntarnos: ¿es realmente la concha marina un instrumento de eco? No. Podría haber tarareado o cantado. Las conchas marinas se limitan a un mecanismo de eco porque se recogen fuera del agua y "mueren de una hermandad nacarada." Para Yeats, esta apropiación del objeto natural para la autoexpresión es una violencia que mata a la doncella tierra, en sus metáforas fálicas de que las canciones del poeta "penetran" la tierra y desfloran su jardín de amapolas para adornar sus propias frentes.

> Penetrado de mi alegre cantar,
> Mis canciones de aquella juventud:
> Pero ¡ah! Ya ella no sueña; ¡Sueña tú!

---

[5] Un ejemplo muy famoso en el que se llama a un espejo que refleja la propia imagen "engañoso" sería el Narciso de Ovidio, que por un momento considera a su imagen reflejada como un objeto de amor: "Cuántas veces, inútiles, dio besos al falaz manantial/ En mitad de ellas visto, cuántas veces sus brazos que coger intentaban/ su cuello sumergió en las aguas, y no se atrapó en ellas/ Que vea no sabe, pero lo que ve se abrase en ello/ y a sus ojos el mismo error que los engaña los incita." Ovid, *Metamorfosis*, trad. Ana Pérez Vega (Editorial del cardo), 66.

> Bellas son las amapolas en la cumbre:
> Sueña, sueña, que esto es cierto también.

El mundo solía ser sensible y solía soñar, pero ahora su sueño está asimilado y mediado por los cantos del pastor. Yeats parece insinuar—aunque la secuencia causal de las frases consecutivas no esté del todo clara—que la tierra deja de soñar porque el canto del pastor la ha penetrado. La exclamación desafiante— "pero ¡ah! ya ella no sueña. ¡Sueña tú!"—traiciona la conciencia modernista de nuestra relación con el mundo: la palabra no habla en nombre del mundo ni lo hace evidente; más bien lo sustituye y compensa su muerte. Vivir en nuestro propio mundo de la verdad humana significa que debemos renunciar al ajeno universo de estrellas.

"El Pastor Feliz" narra los comentarios satíricos de Yeats sobre la autosuficiencia idealista, pero, a su vez, "El Pastor Triste" nos enfrenta directamente a la conciencia modernista de que el mundo es un otro, en definitiva, indiferente a nuestro deseo de correspondencia. El pastor triste exige con vehemencia que la naturaleza escuche su historia, pero es conmovedoramente consciente de que la naturaleza está perfectamente ensimismada, como lo estamos los humanos, como el mar de Baudelaire que oculta su riqueza íntima bajo su superficie vidriosa, o como el percepto de Graham Harman "el objeto se retira."[6]

> And then the man whom Sorrow named his friend
> Cried out, Dim sea, hear my most piteous story!
> The sea swept on and cried her old cry still,
> Rolling along in dreams from hill to hill.
> He fled the persecution of her glory.
> And, in a far-off, gentle valley stopping,
> Cried all his story to the dewdrops glistening.
> But naught they heard, for they are always listening,
> The dewdrops, for the sound of their own dropping.
> (énfasis en el original)

> Y entonces el hombre a quien la Pena nombró su amigo
> Gritaba al viento, *¡Mar Sombrío, escucha mi más penosa historia!*
> El mar siguió barriendo sobre la arena y gritó su antiguo y calmo grito,
> Vagando en sueños de colina en colina.

---

[6] Graham Harman, *Tool-being: Heidegger and the Metaphysics of Objects* (Open Court Publishing, 2002), 5.

> Él abandonó la persecución de su gloria
> Y, en el lejano y gentil descanso de un valle,
> Le contó toda su historia a las relucientes gotas del rocío.
> Pero ellas nada escucharon, porque siempre están escuchando
> El sonido de su propio goteo.
>   (Énfasis en el original)

El sonido de la O en "La Canción del Pastor Feliz" que sugiere autosuficiencia— "For words alone are certain good: / Sing, then, for this is also sooth" ("Solo las palabras son un bien cierto: / Canta entonces, que esto es cierto también")—se convierten ahora, por parte del pastor, en las vocales de "sorrow," cuyo sonido lánguido denota el deseo transparente del pastor, que no puede apaciguarse sin la compresión y la respuesta del otro. El sonido O, por parte de la naturaleza, sin embargo, deja claro que solo está preocupada por sí misma: el mar "rolling," las gotas de rocío escuchándose a sí mismas "dropping."[7] El pastor triste recurre ahora al último recurso, la concha marina, pues se supone que tiene un "corazón hueco y nacarado" que le devolvería el eco de su historia:

> Con mis propias palabras, y ella, con su eco, enviará
> Su tristeza a través del hueco de su perlado corazón;
> Y mi propio cuento otra vez cantará para mí,
> Y mis propias susurrantes palabras serán mi alivio.
> Y ay... mi antigua carga ha de partir. (Énfasis en el original)

Pero esta vez, el nautilo está vivo y su concha no está hueca. La criatura marina no es recogida por el pastor; más bien habita junto al mar, se mueve en "torbellinos salvajes" y "cambió todo lo que cantaba por gemidos inarticulados," "olvidándose de él."

> Entonces cantó suavemente cerca del perlado borde;
> Pero aquel triste y solitario habitante de los mares agitados
> Tornó su canto en un gemido inarticulado
> Entre su confuso tumulto, olvidándolo todo.

---

[7] La lectura que hace Paul de Man de los dos poemas de Yeats difiere mucho de la mía. Para de Man, la gota de rocío es una metáfora del propio poeta: "el poeta ya no contempla una cosa de la naturaleza, sino el funcionamiento de su propia mente; el mundo exterior se utiliza como pretexto y espejo, y pierde toda su sustancia." Paul de Man, *The Rhetoric of Romanticism* (Columbia University Press, 2000), 154.

Al evidenciar que el objeto material no se ajustaría a nuestro deseo de reducir al Otro definitivo a un elemento que se hace eco, el poema "El Pastor Triste" de Yeats resume la conciencia modernista que denuncia claramente la estética idealista como un sueño antropocéntrico.

El poema de Baudelaire "L'Homme et la mer" y los dos poemas pastoriles de Yeats son el pronunciamiento explícito y específico de uno de los temas centrales del modernismo: que la superioridad de la imaginación idealista ya no se sostiene, si tan solo nos tomamos un momento para reconocer que el objeto es un Otro de materialidad sólida, obstinada y opaca, que no se sometería a nuestra transfiguración antropocéntrica. El modernismo es una época en la que los artistas toman conciencia de la plenitud de los poderes materiales y, como se expondrá más adelante en este libro, comienzan a buscar ardientemente nuevas formas de experimentarlos.

II. Los Campos de Conversación y mi Enfoque del Desantropocentrismo

El giro material y el desantropocentrismo son dos de los valores más estimulantes del siglo XXI e inspiran apasionantes estudios en distintas disciplinas, incluidos los estudios literarios y la filosofía. Entre ellas se incluyen la Ontología Orientada a Objetos de Graham Harman, la Teoría de las Cosas de Bill Brown y una amplia gama de estudios relacionados, como el Realismo Especulativo, Los Nuevos Materialismos, la Crítica Ecocrítica, el Post-humanismo, etc. Se trata de una época en la que los pensadores reconocen que los seres humanos ya no son el centro del cosmos y, por tanto, dirigen su atención a las cosas y los objetos; al cuerpo, la sensación y los poderes materiales; a los animales, la máquina y los ciborgs; al sistema ecológico y la red; y al hecho de que los humanos no son seres racionales y unificados como dicta la ideología de la Ilustración. Desde el año 2020, cuando la pandemia de la COVID y el clima extremo amenazan nuestra supervivencia, llegamos a experimentar poderes materiales desconocidos que superan con creces nuestro control tecnológico.

La des-familiarización modernista— específicamente la noción de Heidegger de que el arte sirve para sacar un objeto de su contexto cotidiano e inducirnos a verlo bajo una nueva luz— desempeña un papel importante en las investigaciones de los estudiosos contemporáneos, sobre todo para Harman y Brown. Mientras que Kant se ha limitado a prohibirnos todo acceso a la cosa-en-sí anunciando que todo lo que vemos no es más que apariencia humana, Heidegger pregunta insistentemente "¿qué hay en la cosa que sea cosa? ¿Qué es la cosa en sí?"[8] Para Heidegger, "la tarea de la ontología es poner en evidencia el ser de los seres y explicar el ser mismo."[9] En su *Ser y Tiempo*, Heidegger explica su método de la "fenomenología" como un método que considera que los seres tienen *una profundidad inagotable*— mucho más allá de la apariencia Kantiana, de nuestra mirada perceptiva y de la abstracción científica—y que lo que se manifiesta es solo nuestro acceso específico a ellos en un contexto determinado: "Los seres pueden mostrarse desde sí mismos de diversas maneras, según el modo de acceso a ellos."[10] Un *fenómeno* es entonces lo que nos concede un acceso privilegiado al ser—"el mostrarse en sí mismo"—por ejemplo, como una obra de arte nos muestra el ser interior de la cosa.[11]

En el famoso análisis de las herramientas de Heidegger, nuestro acceso específico al ser de las cosas se circunscribe en función de los modos en que vivimos habitualmente. Poner nuestra mirada a un martillo solo nos concedería el contorno de su aspecto exterior, pero nuestra experiencia vital con él nos proporcionaría la comprensión de su "manejabilidad." Lo más frecuente es que nuestro mundo habitual guíe nuestro acercamiento y comprensión de la cosa: "El trato con los útiles se sub-ordina al complejo remisional del "para-algo". La visión que se da en semejante "plegarse a" es la *circunspección*."[12] Un martillo útil— que se convierte en insustituible para un artesano al tener memoria muscular de su peso—es, pues, un "ser-en-el-mundo," y debemos entender al artesano, al martillo y a su obra como un *"fenómeno unificado."*[13] Las cosas constituyen nuestro mundo, lo hacen coherente, completo, y cuando estamos acostumbrados a ellas, las damos por sentadas. Pero cuando una cosa va mal, como cuando se rompe un martillo, cuando se nos resbala de la mano y se nos rompe un dedo del pie, o cuando se expone un retrete en un museo, perturba nuestro mundo y afirma su presencia: "lo que está a mano se despoja de su mundanidad para aparecer como algo meramente objetivamente presente."[14] Chocamos con las cosas cuando se rompen, rompiendo tanto nuestras expectativas como nuestro mundo.

En el centro de la filosofía de Heidegger está la dialéctica de construir y romper el contexto de las cosas para explorar su plenitud y sus posibilidades.

---

[8] Martin Heidegger, "The Thing," en *Poetry, Language, Thought*, trans. Albert Hofstadter, Perennial Classics (New York: HarperCollins, 2001), 165.

[9] Martin Heidegger, *Being and Time: A Translation of Sein Und Zeit*, trans. Joan Stambaugh (State University of New York Press, 1996). Intro. II. 7. a; p.24.

[10] Heidegger, *Being and Time*. Intro. II. 7. a; p.25.

[11] Heidegger, *Being and Time*. Intro. II. 7. a; p.27.

[12] Heidegger, *Being and Time*. I. III. 16; p.65. Énfasis en el original.

[13] Heidegger, *Being and Time*. I. II. 12; p.49. Énfasis en el original.

[14] Heidegger, *Being and Time*. I. III. 16; p.70.

El Arte—al igual que una herramienta, útil o rota — para Heidegger funciona bien para construir un mundo en el que la cosa pueda revelar algunos de sus poderes, bien para deconstruir su mundo familiar de modo que la cosa vuelva a ser conspicua y desconocida. Mientras que una herramienta da una estructura familiar a nuestra vida cotidiana, una obra de arte tiene derecho a dar un marco consciente y creativo a las cosas para extraer de ellas presentaciones y poderes novedosos. En su famoso ensayo *El Origen de la Obra de Arte*, Heidegger ilustra cómo un templo griego extrae fuerzas de la roca sobre la que se alza y del Cielo que abraza, ya que la arquitectura da un marco accesible a lo que de otro modo seria infinito.

Allí alzado, el templo reposa sobre su base rocosa. Al reposar sobre la roca, la obra extrae de ella la oscuridad encerrada en su soporte informe y no forzado a nada. Allis alzado, el edificio aguanta firmemente la tormenta que se desencadena sobre su techo y así es como hace destacar su violencia. El brillo y la luminosidad de la piedra, aparentemente una gracia del sol, son los que hacen que se torne patente la luz del día, la amplitud del cielo, la oscuridad de la noche. Su seguro alzarse es el que hace visible el invisible espacio del aire. Lo inamovible de la obra contrasta con las olas marinas y es la serenidad de aquélla la que pone en evidencia la furia de estas. El árbol y la hierba, el águila y el toro, la serpiente y el grillo solo adquieren de este modo su figura más destacada y aparecen como aquello que son.[15]

Además de la arquitectura, un cuadro o un poema también nos aportan una nueva perspectiva de la "cosa", sacando a relucir rasgos ocultos y nuevas facultades.

La Teoría de la Cosa de Bill Brown se basa en su lectura de Heidegger y Lacan.[16] Brown se centra en la distinción que hace Heidegger entre objeto y cosa en su conferencia de 1950 "La Cosa." Mientras que *un objeto* es lo que captamos en la representación perceptiva, cultural o científica, una *cosa* en el vocabulario de Heidegger es el ser real oculto bajo la superficie representacional: "los objetos son cosas tal y como aparecen."[17] Lacan lee el ensayo "La cosa" de Heidegger en su libro *La ética del Psicoanálisis*, puesto que la primera parte del

---

[15] Martin Heidegger, "The Origin of the Work of Art," en *Poetry, Language, Thought*, trans. Albert Hofstadter, Perennial Classics (HarperCollins, 2001), 41.
[16] Bill Brown, *Other Things* (Chicago: The University of Chicago Press, 2015), 17–48.
[17] Martin Heidegger, *The Question Concerning the Thing: On Kant's Doctrine of the Transcendental Principles*, trans. James D. Reid y Benjamin D. Crowe (London: Rowman & Littlefield International, 2018), 147.Qtd. In Brown, *Other Things*, 26.

libro se titula "Introducción a la cosa."[18] Lacan está particularmente interesado en cómo la significación compensa lo que es inaccesible, o cómo un objeto sustituye a la cosa, como dice Brown: "la Cosa es un hueco en el centro de lo real al que el sujeto no tiene acceso y contra el que desarrolla el propio proceso significante... porque la Cosa, eludiendo la representación, se representa no obstante."[19] Lacan habla de "el Otro como un *Ding*," que se representa como "la Dama inaccesible dentro de la poesía cortesana."[20] Basándose en su lectura de Heidegger y Lacan, Brown argumenta que podemos vislumbrar la cosa en el proceso de su re-objetivación en diferentes contextos,[21] por ejemplo, cuando un trozo de cristal es arrastrado por la corriente hasta la playa y luego es recogido por un hombre, que lo pone sobre la chimenea como pisapapeles sobre la mesa, tal y como reza el relato corto de Virginia Woolf "Objetos Sólidos".[22] La función de las obras de arte es "hacer del objeto *otra cosa*," y concienciarnos de "cómo los medios nos dan acceso a la materialidad"— a fin de que podamos desprendernos de la percepción habitual y ver otros aspectos de la cosa.

Graham Harman también se basa en el análisis de las herramientas de Heidegger para construir su Ontología Orientada a Objetos. Su terminología, que corresponde a la distinción de Brown entre cosas y objetos, se define como "objetos reales" y "objetos sensuales." Un objeto real se retira para siempre en el sentido de que es una existencia que nunca es agotable, mientras que un objeto sensual es cómo se presenta en un determinado contexto a un determinado perceptor.[23] Al igual que Heidegger y Brown, el axioma central de la OOO es que un objeto revela una nueva faceta de sí mismo cuando se recontextualiza y des-familiariza. Además, la filosofía de Harman tiene un fuerte valor ético de desantropocentrismo, u "ontología plana" como se dice en su jerga: que el ser humano es solo un tipo de entidad que no goza de prioridad ontológica sobre otras cosas.[24] Así, Harman insiste incansablemente en que la des-familiarización se produce no solo cuando los humanos adquirimos una nueva perspectiva del objeto, sino también cuando un objeto se encuentra con otro. Siguiendo la estela de Harman, Ian Bogost llama a su proyecto

---

[18] Jacques Lacan, *The Ethics of Psychoanalysis, 1959-1960*, trans. Dennis Porter, Norton Paperback, The Seminar of Jacques Lacan, Book VII (New York: W. W. Norton & Company, 1997), 56. Qtd. In Brown, 33.

[19] Brown, *Other Things*, 33.

[20] Brown, *Other Things*, 33.

[21] Brown, *Other Things*, 51.

[22] Brown, *Other Things*, 55.

[23] Graham Harman, *Object-Oriented Ontology: A New Theory of Everything* (Landon: Penguin Random House, 2017), 9.

[24] Harman, *Object-Oriented Ontology*, 54.

"fenomenología alienígena"[25] ya que el filósofo trata de especular sobre el yo interior y la experiencia de otras cosas, como la de una planta, un animal, una inteligencia artificial o un aerolito del universo. La fenomenología alienígena es "una filosofía que *afirma que las cosas especulan* y, además, *que especula sobre cómo especulan las cosas.*"[26] La técnica de Harman para especular con la experiencia de la cosa es, más concretamente, una metáfora teatral. El arte funciona para proporcionarnos un placer estético en el que un objeto parece ejecutar sus poderes para que lo experimentemos, como si interpretáramos su papel. Una metáfora como "Un ciprés es una llama" nos ofrece una nueva perspectiva del ciprés que se aleja de su visión habitual (es decir, antropocéntrica) y nos arrastra a la tormenta de sus poderes interiores aún desconocidos: salvajes, indómitos y apasionados.[27] Otra metáfora que resulta eficaz se encuentra en *Zhuangzi*: una persona iluminada se regocijaría en una visión amplia como la de un pájaro legendario, que ve las montañas y los mares mientras surca por el alto cielo.[28]

Un resultado muy sorprendente de la OOO de Harman es que no desacredita la realidad de nuestra experiencia subjetiva o imaginación, en la medida en que entendemos firmemente que la existencia del objeto siempre supera nuestra experiencia del mismo. Si una experiencia estética nos impacta, por supuesto que es real —desvela los poderes del objeto y nuestra sensibilidad, eliminando la distancia perceptiva y enfrentándonos a una exposición directa—. En una experiencia estética en la que vemos el ciprés incendiado, *nosotros* somos en efecto el único objeto real que presencia y reconoce una faceta de la realidad ejecutante del ciprés. Harman argumenta que una metáfora como "el ciprés es una llama" es capaz de hacernos experimentar el objeto como si nosotros mismos nos convirtiéramos en el ciprés incendiado, de seducirnos para que "intervengamos e iniciemos el electrizante trabajo de convertirnos en la sustancia del ciprés para percibir las cualidades de la llama."[29] Si es cierto que una experiencia estética puede ser así de poderosa, entonces *somos transformados por la experiencia estética para que palpemos lo real*, del mismo modo que una bola de algodón no puede experimentar el fuego sin quemarse hasta reducirse a cenizas. En la OOO de Harman, nuestra experiencia subjetiva sigue siendo el ancla de la realidad, por la sencilla razón de que somos los únicos objetos reales accesibles para nosotros mismos, mientras que todos los objetos reales del

---

[25] Ian Bogost, *Alien Phenomenology, or What It's Like to Be a Thing* (University of Minnesota Press, 2012), 34.
[26] Bogost, *Alien Phenomenology*, 31. Énfasis en el original.
[27] Harman, *Object-Oriented Ontology*, 82.
[28] Burton Watson, trans., "Free and Easy Wandering," en *The Complete Works of Zhuangzi* (New York: Columbia University Press, 2013), 1.
[29] Ibid., 87.

mundo estén al margen. Por explicar la filosofía de Harman con mis propias palabras, Harman evita con éxito el antropocentrismo, no porque podamos alcanzar una visión del mundo inhumanamente objetiva, sino porque tenemos la capacidad de ir más allá de la percepción dada — de dejarnos llevar por una experiencia estética, de ver un ciprés incendiado y de ver el espacio y el tiempo de un modo distinto al dictado por la razón *a priori*, de ser otros diferentes a nosotros mismos para acercarnos a la alteridad última del mundo.

Además de transformar el objeto bajo la mirada humana en una cosa de profundidad y potencialidades inagotables, otra vía completamente distinta para deconstruir la tradición trascendental es la explorada por el Nuevo Materialismo, que abraza una visión monista en la que el mundo está compuesto por algún tipo de constituyente definitivo que no distingue entre pensamientos y cosas. En 1996, Manuel DeLanda propone en un foro digital "Future Non Stop":

> Una nueva forma de filosofía materialista en la que la materia-energía bruta, a través de diversos procesos de autoorganización y un intenso poder de morfogénesis, genera todas las estructuras que nos rodean. Además, las estructuras generadas dejan de ser la realidad primaria, y los flujos de materia-energía ahora adquieren este estatus especial.[30]

Aunque el término "neo-materialismo" o "nuevo materialismo" es acuñado por Manuel DeLanda y Rosi Braidotti en la segunda mitad de la década de 1990,[31] como documentaré con más detalle en la Segunda Parte, esta visión monista ya era bastante influyente al final del siglo y principios del XX, y fue adoptada por filósofos y psicólogos empíricos como Ernst Mach, Bertrand Russell, William James, así como por escritores modernistas como Walter Pater y Virginal Woolf. De forma similar a la "ontología plana" propuesta por los Realistas Especulativos, en la que los humanos no reciben estatuas ontológicas privilegiadas entre todos los objetos como guijarros y pelotas de baloncesto, los Nuevos Materialistas se niegan a conceder a la mente humana ninguna función especial como la de crear y dotar al mundo de estructuras y significados. Más bien, el espacio y el tiempo kantianos son solo una ilusión humana que los Nuevos Materialistas pretenden deconstruir, que difícilmente puede encerrar la vibrante materia-energía en un flujo perpetuo. Mediante una aplicación más amplia, los Nuevos Materialistas desafían cualquier estructura dualista como

---

[30] Manuel de Landa, "The Geology of Morals - A Neomaterialist Interpretation," Future Non Stop: A Living Archive for Digital Culture in Theory and Practice, 1996.
[31] Rick Dolphijn y Iris van der Tuin, eds., *New Materialism: Interviews and Cartographies* (Ann Arbor: Open Humanities Press, 2012), 93.

cultura y naturaleza, forma y materia, significante y significado: "la biología está culturalmente mediada tanto como la cultura está materialmente construida."[32]

Una tercera vía hacia el desantropocentrismo es el post-humanismo, que problematiza la suposición de que los humanos tienen una conciencia trascendental y universal como la define Kant, a veces mostrando que nuestra cognición siempre está encarnada e incrustada en el mundo material. En el prefacio de Rosi Braidotti al libro de Francesca Ferrando *Posthumanismo Filosófico*, define así esta rama del pensamiento:

> Para Ferrando, el pensamiento no es una prerrogativa exclusiva del Hombre/Antropos, sino que está distribuido en un amplio espectro de entidades humanas y no humanas. Esto produce también una nueva comprensión de lo humano, no como un agente autónomo dotado de conciencia trascendental, sino más bien como una entidad relacional inmanente—encarnada e incrustada—que piensa con y a través de múltiples conexiones con otros, tanto humanos como no humanos, orgánicos e inorgánicos.[33]

Esta comprensión de nuestra subjetividad encarnada es una forma poderosa de desafiar el cogito cartesiano y la conciencia kantiana, al mostrar que nuestra cognición no es ni un cerebro en el vacío, ni universal y *a priori*, sino que está moldeada por nuestros hábitos sensoriales y nuestra habituación material. Además de cuestionar la noción ilustrada de razón humana universal, los post-humanistas están igualmente interesados en explorar la conciencia y la experiencia de otras especies, de forma similar al proyecto de fenomenología alienígena de Bogost.

Este libro aborda en profundidad las tres vías hacia el desantropocentrismo analizadas anteriormente en el entorno de la literatura modernista de las décadas de 1860-1920, es decir, reconocer que la cosa está siempre retirada mientras que el arte podría revelar una faceta oculta de ella (Ontología Orientada a Objetos y Teoría de las Cosas); desafiar la jerarquía entre pensamiento y cosa abrazando una visión monista, en la que el mundo está hecho primariamente de una especie de materia-energía en una fluidez perpetua (Nuevo Materialismo); y conceptualizar una nueva imagen de la subjetividad que está encarnada e incrustada en el mundo material (Post-humanismo). Pero mi libro se centra en otra dimensión que, a menudo, se pasa

---

[32] Francesca Ferrando, *Philosophical Posthumanism* (London: Bloomsbury Academic, 2019), 159.
[33] Rosi Braidotti, "Preface: The Posthuman as Exuberant Excess," en *Philosophical Posthumanism* (London: Bloomsbury Academic, 2019), xii.

por alto: *los esfuerzos que hay que hacer para lograr el desantropocentrismo, así como los efectos de abrazarlo*. Mientras que a menudo malinterpretamos el desantropocentrismo como una simple inmersión en visiones filosóficas ajenas y un olvido de la humanidad, mi proyecto pretende volver al primer significado del término: *poner freno a nuestros impulsos narcisistas y desmarcarnos de las estructuras de percepción dadas, mediante un astuto y continuo autocultivo*. Es decir, con el recurso a la literatura modernista, mi propósito es demostrar que el desantropocentrismo no puede lograrse simplemente construyendo una visión filosófica y luego adquiriéndola como un conocimiento: más bien tiene que cambiar fundamentalmente una parte de nosotros mismos para que podamos expiar nuestra arrogancia antropocéntrica y escapar de nuestra trampa perceptiva. Los efectos éticos del desantropocentrismo también merecen nuestra investigación: *es decir, ¿qué significa que nuestra visión ya no se limita a la finitud humana? o, para formular la pregunta desde una perspectiva negativa, ¿qué precio hay que pagar y qué ocurriría si insistiéramos en transgredir los límites de la razón que Kant circunscribe tan cuidadosamente para la raza humana?* En resumen, este libro explica el desantropocentrismo como un intento decidido de introducir cambios fundamentales en el yo para liberarnos de lo dado y lo normativo, y también para vivir las consecuencias de salir del cómodo dominio humano. En este libro, el desantropocentrismo se define como una estética del yo.

Como se muestra en la primera sección, "los Modernistas en la Encrucijada," los poetas modernistas empezaron a darse cuenta de que la apropiación idealista es tan superficial e ignorante como el hombre confunde el mar insondable con un espejo fiel que solo sirve para reflejar nuestra propia imagen, y reduce así el mar inconmensurable a su superficie. Y como seguiré argumentando, el camino que eligen los modernos para liberarse de este narcisismo es, a menudo, una especie de ascetismo, una especie de trabajo austero sobre el yo. La primera parte, "Artificialidad," puede interesar a los estudiosos de la Ontología Orientada a Objetos y la Teoría de las Cosas. Se construye sobre una metáfora central en la que Baudelaire presenta la imagen de "La Beauté" como una esfinge pétrea, terriblemente inaccesible e incomprensible, que prohíbe la manipulación poética. Los poetas que aman la piedra deben así inhibir su deseo innato de apropiarse y poseer la piedra, y vivir con la piedra muda e indiferente en una relación paradójica de *amor no correspondido y perpetua búsqueda*. No es un camino para pusilánimes, pues el caballero solo puede enorgullecerse del proceso y nunca del propósito. La segunda parte, "Ficción Autofilosófica," contribuye a la erudición de los Nuevos Materialismos y el Post-humanismo. Introduce la psicología empirista de principios del siglo XX, que reconceptualiza el ego trascendental—ya no como una razón universal *a priori*—sino como una tendencia habitual que filtra las percepciones perspectivistas y las organiza como objetos familiares. El ego trascendental nos impide así sumergirnos en la corriente de la sensación, el constituyente último de la realidad monista. Y lo que es más importante, las visiones filosóficas obligarían inmediatamente a los artistas a explorar y experimentar con programas de autocultivo para estar a la altura de sus ideales estéticos: Pater para apoderarse de la preciada sensación en el flujo perpetuo, y Woolf para deshacer el límite de su conciencia a fin de formar parte de la sensación.

Metodológicamente, mi discusión sobre el género de la ficción autofilosófica pretende además introducir un paradigma de pensamiento diferente del de la filosofía kantiana. Mientras que Kant, siguiendo el modelo de la ciencia, se pregunta cuál es la ley universal de la razón humana, la ficción autofilosófica se pregunta cómo alcanzar la propia visión filosófica elegida a través de un régimen individual. En una ficción autofilosófica, el artista experimenta con una visión filosófica en el laboratorio de la vida vivida, y al hacerlo a menudo descubre que uno no sería capaz de alcanzar el ideal a menos que un aspecto de la vida—la capacidad estética, la práctica de la escritura, el recuerdo de la propia historia personal—entre en el dominio del autocultivo y la transformación voluntaria. Esta capacidad de transformación subjetiva, de escapar de la constitución humana dada para ver otros aspectos de la cosa, es, en mi opinión, el camino hacia el desantropocentrismo.

El eje de mi argumentación es principalmente filosófico—doy respuesta a los debates contemporáneos sobre el desantropocentrismo con mis propias propuestas. Pero la literatura en la que me baso se circunscribe históricamente con mi intención de hacer auténticas contribuciones a los estudios modernistas: en mi respuesta a las preguntas contemporáneas, explico fielmente cómo los artistas y pensadores modernistas empezaron a reflexionar sobre la arrogancia antropocéntrica y a tratar de escapar de la trampa perceptiva kantiana. Para evitar poner a la literatura modernista bajo la camisa de fuerza de las teorías contemporáneas, opto por citar en mi narración la filosofía de la época, aunque ambas guarden a menudo evidentes resonancias. Es decir, hablaré de cómo Baudelaire responde al Idealismo alemán en lugar de construir una conversación entre Baudelaire y OOO, y mostraré que las filosofías monistas que hoy fascinan a los Nuevos Materialistas ya estaban de moda a principios del siglo XX, y que Walter Pater desarrolló una teoría radical de la subjetividad encarnada, en la que nuestra percepción y predilecciones están en primer lugar moldeadas por nuestra habituación y habitación materiales.

Cuando es pertinente, también recurro a Benjamin y analizo cómo la cultura material de la época moderna ha facilitado sus reflexiones —el rápido cambio del entorno sensorial que ha incitado a Baudelaire y a Pater a apoderarse de la sensación fugaz, la colección de mercancías globales en la arcada que ha inspirado el diseño del paraíso artificial de Huysmans, así como el modo en que el efecto adormecedor de la fantasmagoría urbana— que convierte la realidad en una representación onírica — es una metáfora irónica de la crítica que Woolf hace de su propia escritura. Pero el conjunto de condiciones materiales no es más que la premisa para que los esfuerzos artísticos intensamente voluntariosos lleven a cabo la transformación del yo — mientras que estos últimos siguen siendo el centro de mi investigación. En mi investigación, pretendo demostrar que la relación entre las condiciones materiales y los esfuerzos artísticos no es determinista. Bajo las mismas condiciones materiales— como la conciencia modernista de las sensaciones fugaces—cada artista lo enmarcaría en diferentes preguntas y diseñaría diferentes programas de autocultivo: Baudelaire y Pater siguen optando por lidiar con la sensación fugaz y cristalizarla con energía concentrada, mientras que Woolf prefiere relajar los límites de su conciencia para perderse en la corriente.

Aquí vuelvo a especificar el uso de la terminología en este libro y resumo así este proyecto con una hoja de ruta conceptual. El término modernismo se refiere a los esfuerzos artísticos de los años 1860-1920 y abarca personajes artísticos totalmente distintos, pero mi atención se centra en cómo los artistas despiertan con la dolorosa constatación de que la apropiación idealista no es más que una especie de pensamiento infantil melancólico, y que hay que apartarse de este cómodo narcisismo, así como de la barrera perceptiva dada, para reconocer la alteridad de la cosa. En otras palabras, el modernismo se entiende como una ruptura consciente con su época anterior, en la que los artistas se encuentran dolorosamente descentrados, al tiempo que se sienten obligados a explorar el mundo ajeno. El título del libro, "En Busca del Mundo Perdido," tematiza este despertar modernista para liberarse del precepto de Kant—buscar el mundo material perdido fuera de la prisión solipsista. El subtítulo del libro "la búsqueda modernista de la cosa, la materia y el cuerpo," hace referencia a los principales campos con los que me relaciono: Brown y Harman, siguiendo el ejemplo de Heidegger, teorizan la cosa o el objeto real como una entidad de profundidad y potencialidades inagotables la materia para el Nuevo Materialismo, que busca deconstruir la estructura dualista conceptualizando un mundo monista, en el que tanto los pensamientos como las cosas están hechos de una especie de constituyente atómico en perpetuo flujo; cuerpo para las búsquedas respectivas de Pater, Proust y Woolf de la memoria sensible o la corriente de conciencia, que es otra forma de repudiar la metafísica trascendental al entender que nuestra cognición no es universal ni *a priori*, sino que está moldeada en primer lugar por el mundo material a través de nuestros hábitos sensoriales y nuestra habituación corporal. Conversando con tres intentos diferentes de desantropocentrismo, mi libro se centra más bien en debatir los esfuerzos artísticos *por recrearse a sí mismos* para estar a la altura de las visiones metafísicas: Baudelaire a vivir con un amor no correspondido y una búsqueda perpetua de la cosa, Woolf a renunciar a su conciencia individual para formar parte de la sensación universal, y los intentos de Pater y Proust de incluir en su conciencia su olvidada memoria sensual.

III. La Importancia de la Transformación Subjetiva

Aunque es un error común pensar que un proyecto desantropocéntrico no debe hablar de los humanos, mi libro demostraría que el único camino real es trabajar piadosamente sobre el yo. El problema del antropocentrismo comienza con Kant, quien señala que nuestra percepción de los objetos está condicionada en primer lugar por nuestra propia constitución perceptiva. En la conclusión de sus *Prolegómenos*,[34] titulada "Sobre la Determinación de los Límites de la Razón Pura," Kant sugiere que hay muchas otras formas posibles de relacionarse con las cosas, además de la de la experiencia humana.

> Pero sería, por otra parte, *un absurdo aún mayor* si no concediéramos las cosas en sí mismas, o estableciéramos nuestra experiencia como el único modo posible de conocer las cosas, nuestro modo de contemplarlas (*Anschauung*) en el espacio y en el tiempo como el único modo posible, y nuestro entendimiento discursivo como el arquetipo de todo entendimiento posible; de hecho, si quisiéramos que los principios de la posibilidad de la experiencia se consideraran condiciones universales de las cosas en sí mismas.[35]

Kant argumenta que su proyecto pretende evitar el "antropomorfismo dogmático" en primer lugar, impidiendo que transfiramos propiedades de la razón a la cosa-en-sí, y, en segundo lugar, separando rigurosamente entre la apariencia y su sustrato desconocido. No obstante, admite un "antropomorfismo simbólico," "que de hecho solo concierne al lenguaje," lenguaje con el que concebimos y describimos las cosas —" y no el objeto en sí."[36] Es decir, Kant nos insta a comprender que lo que percibimos nunca es la cosa en sí, sino *nuestra relación con el mundo*. En otras palabras, el giro copernicano de Kant significa originalmente evitar el antropocentrismo, impidiendo que hagamos pasar la percepción humana por la cosa-en-sí.

Sin embargo, la solución de Kant para evitar el antropocentrismo se considera ahora insatisfactoria: porque la cosa-en-sí desconocida es susceptible de volver a ser engullida por completo por la relación humana con

---

[34] Michel Foucault, "What Is Enlightenment?," en *The Foucault Reader* (New York: Pantheon Books, 1984), 42.
[35] Immanuel Kant, *Kant's Prolegomena to Any Future Metaphysics*, ed. Paul Carus (Chicago: The Open Court Publishing Company, 1912), § 57, p. 120.
[36] Kant, *Prolegomena*, § 57, p. 129.

ella. Quentin Meillassoux en su obra *Después de la Finitud* acuña el influyente término "correlacionismo" para tematizarlo como la característica más sobresaliente de la filosofía moderna, y lamenta que nuestro interés por la relación humana y sus poderes constitutivos haya suplantado nuestra atención a la cosa. Mientras que el correlacionismo es un grillete del que los modernos no podemos desprendernos fácilmente, los pensadores liderados por Heidegger comienzan a reelaborar el correlacionismo en su ardiente deseo de acercarse a lo desconocido-en-sí. A pesar de sus diversas posturas, los estudiosos contemporáneos parten en general de la premisa kantiana de que nuestra experiencia del mundo implica siempre la estructura de la percepción humana, comparten el paradójico rigor de Kant a la hora de separar el mundo y el pensamiento— pero con un interés aún mayor por acercarse a lo desconocido-en-sí.

El realismo especulativo como movimiento filosófico se compromete directamente con la herencia kantiana, así como con los importantes valores contemporáneos, incluidos el giro material y el desantropocentrismo. Dentro del marco kantiano, los realistas especulativos hacen malabarismos entre dos variables en su intento de acercarse a la cosa: la cosa-en-sí y las relaciones entre las cosas. Meillassoux se sitúa en un extremo con su intento de encontrar el absoluto inhumano a pesar de nuestra condición correlacional, y con ello pretende transgredir el límite kantiano de la razón—a un gran coste, porque una vez que nos apartamos de la estructura humana de espacio y tiempo, lo que vemos es solo un *hiper-Caos*.[37] Graham Harman, en el otro extremo, sostiene que los objetos-en-sí-mismos están siempre retirados, pero luego nos muestra cómo cada relación entre las cosas, fuera del dominio de la percepción humana, revela una faceta de la realidad material. Es decir, Harman trata de incluir en su visión metafísica "todo entendimiento posible" que Kant sugiere al final de los *Prolegómenos*.

Sin embargo, mi proyecto pone un nuevo énfasis en un tercer *veritable*: nuestra constitución subjetiva. Mi proyecto explora cómo podemos escapar del antropocentrismo mediante el cultivo estético y la transformación del yo, con el fin de ver el mundo de formas distintas a la perspectiva humana dada. La semilla de la constitución subjetiva ya está enterrada tanto en el pensamiento de Harman como en el de Meillassoux. La metáfora teatral de Harman es un tipo específico de transformación subjetiva, ya que podemos imaginar un viaje a las estructuras perceptivas de una piedra, una hormiga, un gato o una lata de coca-cola— y escapar así de la razón kantiana a través de ese poder imaginativo. Meillassoux alcanza su visión del hiper-Chaos a través del

---

[37] Meillassoux, *After Finitude*, 64.

acto más audaz de renunciar al *principio de razón*, aunque sin explicar cómo se puede llegar a conseguirlo:

> La especulación procede acentuando la *renuncia del pensamiento al principio de razón*, hasta convertir esta renuncia en principio, lo único que nos permite comprender que no hay absolutamente ninguna Razón última, pensable o impensable. *No hay nada* por debajo o más allá de la gratuidad manifiesta de lo dado—nada más que el poder ilimitado y sin ley de su destrucción, surgimiento o persistencia.[38]

En una frase, Meillassoux pasa subrepticiamente de la acción de trasformación subjetiva ("*renuncia* del pensamiento al principio de razón") a la visión de su grandeza exterior (sus afirmaciones de que "*No hay* Razón definitiva").[39] Pero, ¿cómo renunciar al principio de la razón? Si Meillassoux ha realizado este audaz experimento mental consigo mismo, ¿por qué nunca habla de ello en la narración en primera persona, como cuando Descartes comienza sus meditaciones diciéndonos que ahora está sentado junto a su chimenea, sobreexigiendo su capacidad cerebral?[40] ¿Es que ahora tenemos prohibido hablar de nosotros mismos en la era del desantropocentrismo? Pero escapar de la razón kantiana es un intento que los artistas modernos sí han experimentado y que, como seguiré exponiendo, solo puede lograrse a través de una intensa atención sobre el yo—como Arthur Rimbaud, que desorienta a propósito sus sentidos, los pintores impresionistas, que renuncian a su percepción habitual del objeto para captar la luz primigenia que cambia de hora en hora, y J.K. Huysmans, que confunde las categorías conceptuales entre lo natural y lo artificial.

Mi proyecto lee la filosofía de Harman al revés y completa su cuadro metafísico —experimentamos la plenitud del mundo teniendo en cuenta no solo todos los diferentes encuentros entre objetos en diferentes contextos, sino también las posibilidades de que busquemos activamente encontrarnos con los objetos en diferentes yos— cultivando y ampliando nuestro campo perceptivo, creando vínculos afectivos con la cosa, siendo otros que nosotros mismos para la cosa. Para concretar mi tesis, sostengo que el arte es un escenario para crear relaciones sujeto-objeto, mientras que el verdadero desantropocentrismo se produce cuando nos transformamos en nuestra

---

[38] Meillassoux, *After Finitude*, 63.

[39] Tsaiyi Wu, "A Dream of a Stone: The Ethics of De-Anthropocentrism," *Open Philosophy*, no. 3 (2020): 417.

[40] René Descartes, *Meditations on First Philosophy: With Selections from the Objections and Replies*, ed. John Cottingham (Cambridge: Cambridge University Press, 1996), 12.

búsqueda del mundo material. En el centro de mi proyecto está la noción de que *esta capacidad de ser otro que uno mismo es la clave del desantropocentrismo*.

Lo que me motiva a hacer hincapié en que el elemento de la transformación subjetiva es que este énfasis me permite poner debidamente en primer plano la *responsabilidad ética* que siempre está, tautológicamente, implícita en nuestra búsqueda del desantropocentrismo: *¡salir del centro humano y ser otros que nosotros mismos!* En *Hermenéutica del Subjeto*,[41] Foucault sostiene que esta conexión entre transformación subjetiva y verdad se presupone en la antigua filosofía griega, aunque se ha perdido en la epistemología moderna. En el mito de Platón, los humanos nacemos atrapados en nuestra finitud perceptiva, como si estuviéramos encadenados en una caverna y solo viéramos las sombras del mundo (*República* 514a-520a).[42] Pero para ver el mundo real debemos enamorarnos y ser transformados completamente por el poder del amor—en la metáfora del crecimiento de las alas de nuestra alma (*Fedro* 245c-267d). Foucault denomina "espiritualidad," a este antiguo modo de pensar, ya que la espiritualidad presupone la posibilidad de una transformación fundamental del yo más allá de la percepción dada— y el premio de la transformación, el mundo real. La espiritualidad para Foucault significa una conexión íntima entre el autocultivo y la visión elevada de uno mismo— la creación del yo en el intento de acercarse a la verdad.

Podríamos argumentar que, incluso para Kant, el sujeto no es capaz de la verdad, ya que estamos atrapados en la percepción subjetiva y no tenemos acceso a la cosa-en-sí. Pero entonces Kant trata de dar, aún, certeza al conocimiento señalando una porción de la razón humana como universal, sobre la que se construye nuestra ciencia. En la sección 19 de sus *Prolegómenos*:

> Por tanto, validez de objeto y universalidad necesaria son términos equivalentes, y aunque no conozcamos el objeto en sí mismo, sin embargo, cuando consideramos un juicio como universal, y también necesario, entendemos que tiene validez objetiva.

> El objeto permanece siempre desconocido en sí mismo; pero cuando por el concepto del entendimiento se determina como universalmente válida la conexión de las representaciones del objeto, que son dadas a nuestra sensibilidad, el objeto queda determinado por esta relación, y es el juicio el que es objetivo. (56)

---

[41] Michel Foucault, *The Hermeneutics of the Subject: Lectures at the Collège de France, 1981-82*, ed. Frédéric Gros, trans. Graham Burchell, 1st ed (New York: Palgrave Macmillan, 2005).

[42] Plato and Benjamin Jowett, *The Dialogues of Plato* (New York: Random House, 1937).

Esta universalidad de la razón humana desempeña un papel importante en el sistema kantiano en la medida en que garantiza el fundamento al conocimiento. Pero este mandato de universalidad también prohíbe efectivamente la posibilidad de autocultivo y transformación estética. De este modo, Kant establece en la filosofía moderna el marco de que la condición de nuestro acceso a la verdad es universal y no individual, mientras que la tarea del filósofo consiste en descubrir esta ley universal.[43]

Mi proyecto, sin embargo, pretende explorar cómo nuestro acceso al mundo es una cuestión no epistemológica, sino ética: ¿puede que sea una cuestión difícil no para los filósofos, sino para nosotros mismos; puede que nuestra constitución subjetiva no deba ser interpretada, sino cultivada; puede que llevemos con nosotros la responsabilidad de conocer el mundo como lo hace el amante de Platón, de estar abiertos al mundo, buscando el mundo, revelados por el mundo? Del mismo modo que el primer significado del desantropocentrismo es ir más allá de lo universal, dada la percepción humana, sostengo que cualquier investigación sobre el desantropocentrismo debe construirse sobre una metodología en la que la metafísica no sea una cuestión de aplicación universal, sino más bien de creación individual. Para subrayar este elemento de autocreación, a lo largo del libro explico que el arte es el ámbito en el que el artista puede crear relaciones sujeto-objeto, mientras que el verdadero desantropocentrismo se produce cuando el artista crea una nueva forma de relacionarse con el mundo—a través de la transformación de sí mismo.

Este libro trata de explicar el desantropocentrismo a la luz de la ética tardía de Foucault sobre "la estética de la existencia," que concibe el yo como "una obra de arte" y afirma el libre albedrío eligiendo para el yo una forma ideal de existencia.[44] Foucault sostiene que la epistemología moderna, tal y como la establecen las críticas cartesianas y kantianas, comienza por definir "las condiciones y los límites del acceso del sujeto a la verdad."[45] Pero al definir nuestra estructura universal de la razón, Kant también prohíbe, efectivamente cualquier posibilidad de transformación subjetiva. Una vez que Kant es capaz de definir lo que es el conocimiento tal y como está circunscrito por las condiciones de una razón humana universal, entonces "el conocimiento en sí mismo y solo el conocimiento da acceso a la verdad,"[46] y nuestro conocimiento de la cosa se reduce entonces a un simple acto de mirada humana que transporta y se apropia de la cosa en la estructura *a priori* del espacio y el

---

[43] Parte de la discusión sobre Kant se ha publicado en Wu, "A Dream of a Stone," 413–18.

[44] Michel Foucault, *Politics, Philosophy, Culture: Interviews and Other Writings of Michel Foucult*, ed. Lawrence D. Kritzman, paperback (New York: Routledge, 1990), 47.

[45] Foucault, *The Hermeneutics of the Subject*, 15.

[46] Foucault, *The Hermeneutics of the Subject*, 17.

tiempo. Heidegger, Brown y Harman no están satisfechos con la prohibición de Kant y se proponen explorar la plenitud de la cosa reformulándola continuamente, pero en su mayoría dejan intacta la presunción kantiana de la percepción humana universal. Sin embargo, trabajar sobre los marcos de la cosa es solo la mitad del trabajo para lograr el desantropocentrismo, argumenta este libro—mientras que la otra mitad es trabajar sobre el yo para escapar de la estructura perceptiva dada, y ver la cosa bajo una nueva luz. Foucault nos insta a replantearnos si la subjetividad debe estar predefinida en su análisis de una modalidad alternativa que denomina espiritualidad:

> La espiritualidad postula que el sujeto como tal no tiene derecho de acceso a la verdad y no es capaz de tener acceso a la verdad. Postula que la verdad no le es dada al sujeto por un simple acto de conocimiento (*connaissance*), que estaría fundado y justificado simplemente por el hecho de que él es el sujeto y porque posee tal o cual estructura de subjetividad. Postula que para que el sujeto tenga derecho de acceso a la verdad debe ser cambiado, transformado, desplazado y llegar a ser, en cierta medida y hasta cierto punto, otro que él mismo. La verdad solo se da al sujeto a un precio que pone en juego el ser del sujeto.[47]

Aunque Foucault es famoso por su estudio de cómo el poder sistemático constituye al sujeto, en sus últimos libros comenzó a estudiar la antigüedad grecorromana para explorar la posibilidad de que la moralidad no signifique obediencia a un código de conducta, sino afirmación del libre albedrío para construirse a uno mismo como ser ético.[48] Además de la Antigüedad, Foucault señala en su análisis sobre Baudelaire que los artistas modernos también son conscientes de la posibilidad de la autocreación, pero quizá solo en el ámbito del arte.

> El hombre moderno, para Baudelaire, no es el hombre que va a descubrirse a sí mismo, sus secretos y su verdad oculta; es el hombre que intenta inventarse a sí mismo. Esta modernidad no "libera al hombre en su propio ser"; le obliga a enfrentarse a la tarea de producirse a sí mismo.[49]

Siguiendo el ejemplo de Foucault, este libro explora cómo los artistas modernistas podrían escapar al mandato kantiano de la percepción universal, a través de sus regímenes de transformación subjetiva: regímenes que son

---

[47] Foucault, *The Hermeneutics of the Subject*, 15.
[48] Michel Foucault, *Politics, Philosophy, Culture*, 49.
[49] Foucault, "What is Enlightenment," 42.

intensamente voluntariosos, a menudo dolorosos, y más a menudo fallidos. Frente a la impresión generalizada de que el desantropocentrismo significa evitar prestar atención a los seres humanos y sumergirnos en todas las cosas mundanas y misteriosas, mi proyecto demuestra que precisamente esta mayor atención a uno mismo—controlar nuestro impulso habitual de apropiarnos de la cosa, expandirnos más allá de nuestro conocimiento humano para ver la cosa—en resumen, ser otros que nosotros mismos, es el requisito previo para el desantropocentrismo.

UNO

Artificialidad

> En effet, la décadence d'une littérature,
> irréparablement atteinte dans son organisme,
> affaiblie par l'âge des idées, épuisée par les excès
> de la syntaxe, sensible seulement aux curiosités
> qui enfièvrent les malades et cependant pressée de
> tout exprimer à son déclin, acharnée à vouloir
> réparer toutes les omissions de jouissance, à léguer
> les plus subtils souvenirs de douleur, à son lit de
> mort…

Huysmans, Á rebours, XIV, 261[1]

Como crítico y periodista profesional, Baudelaire aborda un amplio abanico de ideas y se enorgullece de su horizonte cosmopolita. Con una personalidad dramática, parcial y política, Baudelaire pretende explorar cada definición diferente de la belleza por derecho propio, en lugar de convertirse en discípulo acérrimo de un único sistema. Ya en *Salón 1846* y a la edad de 25 años, Baudelaire desarrolla su idea de la *modernidad*: que cada época tiene su propio ideal estético, y que como crítico y poeta de la época su tarea era expresar *la belleza de su propio tiempo*. En ese año de 1846, Baudelaire reconoce la belleza *à la mode* como Romanticismo.

> Chaque siècle, chaque peuple ayant possédé l'expression de sa beauté
> et de sa morale, — si l'on veut entendre par romantisme l'expression la
> plus récente et la plus moderne de la beauté, — le grand artiste sera
> donc, — pour le critique raisonnable et passionné, — celui qui unira à
> la condition demandée ci-dessus, la naïveté, — le plus de romantisme
> possible. (Œuvres II, 84)

Este reconocimiento que Baudelaire hace del Romanticismo se subordina aquí a su criterio de modernidad: si queremos ver en el Romanticismo lo que es la idea más reciente y más moderna de la belleza, el artista romántico debe atenerse a la norma de la ingenuidad, es decir, a la fe en su individualidad. El

---

[1] Joris-Karl Huysmans, *À Rebours* (Georges Crès, 1922).

Romanticismo es aquí una expresión específica de la época, más que una verdad universalizada. Sin embargo, en el año 1857, cuando Baudelaire publica sus "Notes nouvelles sur Edgar Poe," Baudelaire anuncia su sentimiento de que la gloria del Romanticismo está en declive, como el sol que se pone: "Ce soleil qui, il y a quelques heures, écrasait toutes choses de sa lumière droite et blanche, va bientôt inonder l'horizon occidental de couleurs variées."[2] Es entonces cuando Baudelaire alcanza su madurez poética y aspira a descubrir— incluso a ser el autor— las nuevas alegrías de su tiempo, frente a la tradición recibida del Romanticismo: "Dans les jeux de ce soleil agonisant, certains esprits poétiques trouveront des délices nouvelles" (ibid., ii). Con la caída del sol, el Decadentismo ocupa el lugar del Romanticismo para ser la expresión del tiempo— el Decadentismo es moderno. Mientras que el término modernidad se refiere al requisito formal de que el arte debe reflejar el espíritu del tiempo, el término Decadencia, en la década de 1860, vino a encarnar el sentido que Baudelaire tenía de su propio tiempo— el Romanticismo está en declive.

Por supuesto, no existe una línea divisoria clara entre Romanticismo y Decadentismo, pues sabemos que Baudelaire todavía comenta con articulaciones románticas convencionales a Wagner en el año 1861 y a Delacroix en 1863,[3] mientras que Nietzsche llama a Wagner "*el artista del Decadentismo.*"[4] Además, como el Romanticismo es ya en sí mismo un movimiento muy complicado, tampoco se puede afirmar que lo que Baudelaire llama nuevos placeres decadentistas no tengan precedentes en el Romanticismo. En general, los críticos están de acuerdo, como escribe Charles Bernheimer, en que "el contenido del Decadentismo era tan polifacético que no se podía discernir un contorno claro."[5] Pero si queremos utilizar el término Decadencia de forma productiva, quizá baste con reconocer que la premisa misma que motiva el movimiento es la conciencia histórica de los artistas y su intención de derrocar el viejo decoro romántico. La primera parte del libro se dedicará a desentrañar los placeres Decadentistas en relación al criterio romántico, especialmente a la sentencia idealista que teoriza el arte romántico como una visión del yo interior inmaterial.

---

[2] "Notes nouvelles sur Edgar Poe" es el prefacio a la traducción francesa de Baudelaire de los relatos cortos de Poe, en *Nouvelles Histoires Extraordinaires* (A. Quantin, 1884), ii.

[3] Los ensayos de Baudelaire' citados aquí son "Richard Wagner et Tannhäuser à Paris" (Œuvres III, 207-265) y "L'Œuvre et la vie d'Eugène Delacroix" (Œuvres III, 1-44).

[4] Friedrich Nietzsche, "The Case of Wagner," en *The Complete Works of Friedrich Nietzsche, Vol. Eight,* trans. M. Anthony Ludovici (New York: Macmillan, 1911), 11.

[5] Charles Bernheimer, *Decadent Subject: The Idea of Decadence in Art, Literature, Philosophy, and Culture of the Fin de Siècle in Europe* (Baltimore: The John Hopkins University Press, 2002), 2.

Para Huysmans, citado en los epígrafes de este capítulo, la literatura decadente rechaza una definición sustancial precisamente porque el poeta está ahora ansioso por probar todos los placeres y experimentar con todas las formas de expresión posibles. Gautier hace un comentario similar en su prefacio a la tercera edición de *Les Fleurs du mal* (1868), en la que Baudelaire se consagra a lo que podría llamarse "un estilo de decadencia," un estilo tan complicado y refinado que toma colores de todas las paletas y notas de todos los teclados: "Le poëte des *Fleurs du mal* aimait ce qu'on appelle improprement le style de décadence...prenant des couleurs à toutes les palettes, des notes à tous les claviers."[6] Tanto para Huysmans como para Gautier, el término Decadencia se refiere a una conciencia histórica en un sentido formal: el sentimiento de que uno está harto de la vieja tradición y, sin embargo, está demasiado agotado para iniciar una nueva época—por lo tanto, uno busca cualquier nuevo placer con el propósito de subvertir la tradición envejecida, en lugar de establecer una nueva. La decadencia es una paradoja entre el hastío y la curiosidad—el hastío hacia las ideas que largamente fueron veneradas provoca ahora que los artistas busquen cualquier cosa que perturbe el decoro de la vieja tradición. El Decadentismo es una paradoja aún más extraña entre la novedad y la decadencia: una idea decadente por definición no es revolucionaria, no anticipa una nueva época; es más bien una conciencia histórica que se remite constantemente a la edad de oro del Romanticismo para escandalizar, subvertir e ironizar sutilmente sobre el anticuado criterio estético. El propósito del Decadentismo es girarse ante la vieja gloria y burlarse de ella, donde los poetas vuelven a abordar sus apreciadas ideas estéticas con una delicada languidez y una decidida picardía. Precisamente como comenta Gautier, encontramos en *Les Fleurs du mal* todo tipo de placeres, todo tipo de flores exóticas—una evocación nostálgica del ideal romántico en "Élévation", una sensualidad peligrosa y enervante en "Hymne à la Beauté", pero también un extraño soneto "La Beauté", donde la Belleza aparece encarnada como una esfinge pétrea que redefine el arte, ya no como imaginación inmaterial, sino como el amor del poeta hacia una piedra inaccesible. Con sus grandes títulos como "Hymne à la Beauté" y "La Beauté", *Les Fleurs du mal* tiene el gesto de un manifiesto estético, vislumbrando "les faces diverses de l'absolu."[7] Baudelaire inaugura una nueva época en la que lo decadente es moderno, y este deseo de "dégageant de nouveaux fumets, de nouvelles ivresses"[8] es el rasgo esencial de la literatura finisecular.

---

[6] Charles Baudelaire, *Œuvres Complètes de Charles Baudelaire* (Michel Lévy frères, 1868), Vol. I, 17.

[7] *Œuvres Complètes de Charles Baudelaire,* Vol. II, 84.

[8] Huysmans, *À rebours,* 261.

Se han realizado admirables esfuerzos académicos para situar la literatura decadente en el estado psicológico colectivo de la Europa del *fin-de-siècle*. Sin embargo, en la primera parte propongo específicamente un enfoque filosófico para leer la literatura del *fin-de-siècle:* cada uno de estos nuevos placeres es un nuevo concepto de arte, muchos de los cuales trazan a su vez nuevas relaciones entre materia e imaginación. Tal enfoque significa que no siempre repetiré el sentimiento de degeneración y depravación en mi análisis de la literatura de *fin-de-siècle*. Más bien, la literatura finisecular es inductiva para mi proyecto porque se desliga conscientemente de la norma romántica y, por tanto, crea nuevas relaciones alrededor de cómo puede relacionarse la imaginación con la materialidad en las obras de arte. Un tema de moda del Decadentismo, que la Parte Uno se centrará en discutir, es la *artificialidad*, vagamente definida como que el arte es superior a la naturaleza. Sin embargo, la artificialidad en todas sus diversas expresiones opera en oposición a su predecesor del Romanticismo. A. E. Carter se centra en la noción de artificialidad en su debate sobre el Decadentismo: "se rebeló contra la teoría romántica en dos puntos esenciales— el culto a la Naturaleza y el culto al amor ideal. Su artificialidad contradice a ambos."[9] Para el propósito de mi proyecto, sin embargo, me centro más específicamente en *cómo la artificialidad opera contra el culto idealista del arte imaginativo, interior e inmaterial*. Hegel define el arte romántico, superior a la naturaleza, como un "yo interior absoluto."[10] Sin embargo, bajo la premisa de la artificialidad, los artistas del *fin-de-siécle* atraen a todo aliado posible entre la imaginación y la materialidad que usualmente ponen al arte patas arriba: todos ellos mantienen, no obstante, la máxima de que el arte es superior a la naturaleza, cambiando ahora el sabor del orgullo Romántico por el de la perversidad decadente. El arte es superior a la naturaleza ya que la Belleza, encarnada como una esfinge pétrea, es inaccesible al corazón que siente, como leemos en el soneto de Baudelaire "La Beauté." El arte es superior a la naturaleza, ya que encontramos la Belleza conceptualizada como superficie sensorial impasible e impresionante que se disocia de, y a su vez, subyuga el yo interior— o que encontramos en el elogio de Baudelaire del dandismo y la cosmética, las superficiales joyas incrustadas de Gustave Moreau y la "Hérodiade" de Mallarmé. Por último, el arte es superior a la naturaleza no porque la imaginación sea inmaterial, sino porque la imaginación se alía con la materialidad inorgánica, como leemos en la "Rêve parisien" de Baudelaire y en la teorización de la pintura de Moreau. Todos estos tropos son, en sí mismos,

---

[9] A. E. Carter, *The Idea of Decadence in French Literature, 1830-1900* (University of Toronto Press, 1958), 150.
[10] G. W. F. Hegel, *Aesthetics*, Vol. I, p.519. Énfasis en el original.

manifiestos artísticos de cómo la imaginación puede relacionarse con la materialidad de formas radicalmente nuevas.

Sin embargo, el artista crea nuevas relaciones sujeto-objeto a un gran coste. La tradición idealista permite al artista crear un reino autónomo de la imaginación, narcisista y autosuficiente: el arte idealista es una invitación a una tierra de otro mundo que se parece a nosotros mismos. Sin embargo, crear relaciones con la materia, en la tradición occidental de la irreparable división sujeto-objeto, siempre presupone la *autoalienación*. Como trataré en la Sección I, la escuela Parnasiana, que desafía conscientemente el lema Romántico de la expresión emocional, elige la estatua de mármol de Venus como símbolo de su ideal poético de impasibilidad. Amar la estatua de Venus significa honrar la forma material por encima de la expresión interior, y los parnasianos redefinen así el arte, no como un reino puro de imaginación inmaterial, sino como una relación entre la mente poética y la materia resistente. Pero los parnasianos seguían siendo idealistas hasta la médula: para ellos, la materia debe ser conquistada por la destreza poética, por muy resistente que sea, del mismo modo que la estatua de Venus acabará transformándose en una amante viviente en virtud de la imaginación omnipotente. Esta recreación del mito de Pigmalión solo es apta para pusilánimes. Comparado con los poemas Parnasianos, el soneto "La Beauté" de Baudelaire, tal y como se analizó en la Sección II, es una alegoría que lleva al extremo esta autoalienación, donde la esfinge pétrea anuncia una estructura de la búsqueda poética como poeta deseoso que ama, sin ser correspondido, a la piedra muda. En este sentido "La Beauté" de Baudelaire subvierte verdaderamente la tradición idealista y, por lo tanto, anuncia la llegada del *fin-de-siècle* al darnos a probar nuevos placeres en el ocaso del Idealismo alemán. Siguiendo la fórmula expuesta en el soneto "La Beauté", en la Sección III discutiré la teorización de Baudelaire sobre la artificialidad: que los dandis o las mujeres que usan cosméticos adornan una apariencia artificial para subyugar su expresión emocional, lo que Baudelaire define explícitamente como el heroísmo de la Decadencia. En la sección IV, analizaré con más detalle el efecto estético de las apariencias artificiales—articulaciones de por qué una superficial joya incrustada es incomprensiblemente bella—a través de "Avec ses vêtements ondoyants et nacrés," de Baudelaire, y la figura de Salomé pintada por Moreau y Mallarmé. En la sección V se aborda otra faceta de la artificialidad, en la que Huysmans conceptualiza la materia no como una piedra muda e inaccesible, sino como un recipiente de sensaciones desconocidas ocultas tras nuestros conceptos convencionales, al mismo tiempo que el arte funciona para desentrañar esas sensaciones hasta el punto de trastornar los sentidos y el esquema conceptual de cada uno. Este difícil amor por la apariencia insensible de la materia, así como por sus poderes innatos—esta valiente autoalienación—da fe de mi tesis de que el poeta crea una relación con la piedra a través de la creación del yo.

I. La estatua de Pigmalión

El informe de Baudelaire sobre el Romanticismo en su *Salones y Otros Escritos sobre Arte* tiene su mayor afinidad con el Idealismo alemán: además de su énfasis en la pasión ingenua de Delacroix y su poder expresivo, Baudelaire también teoriza que el arte es superior a la naturaleza en virtud de su yo interior e inmaterialidad. En uno sus ensayos incluido en *Salones y Otros Escritos sobre Arte* de 1846, "Pourquoi la sculpture est ennuyeuse," Baudelaire se hace eco de Hegel en su argumento de que la pintura es superior a la escultura como medio artístico, porque la pintura se compone solo de colores, libre de la oscura materialidad de la piedra o la madera. En la cúspide del idealismo, el argumento de Hegel es formal, independientemente del contenido de la pintura:

> La visibilidad y el hacer visible que pertenecen a la pintura tienen sus diferencias de un modo más ideal, es decir, en los colores particulares, y liberan al arte de la espacialidad sensual *completa* de las cosas materiales al limitarse a las dimensiones de una superficie *plana*.[11]

Baudelaire expone este argumento con su característico estilo mordaz, que, sin embargo, oculta una gran ansiedad—el idealista no puede tolerar la materialidad porque la materia nunca se somete por completo al control del autor. Esta ansiedad tiene su origen en la obsesión idealista por la superioridad artística sobre la naturaleza indómita:

> Il y a là un mystère singulier qui ne se touche pas avec les doigts.

> La sculpture a plusieurs inconvénients qui sont la conséquence nécessaire de ses moyens. Brutale et positive comme la nature, elle est en même temps vague et insaisissable, parce qu'elle montre trop de faces à la fois. C'est en vain que le sculpteur s'efforce de se mettre à un point de vue unique ; le spectateur, qui tourne autour de la figure, peut choisir cent points de vue différents, excepté le bon, et il arrive souvent, ce qui est humiliant pour l'artiste, qu'un hasard de lumière, un effet de lampe, découvrent une beauté qui n'est pas celle à laquelle il avait songé. Un tableau n'est que ce qu'il veut ; il n'y a pas moyen de le regarder autrement que dans son jour. La peinture n'a qu'un point de

---

[11] Hegel, *Aesthetics*, Vol. 1, p. 87.

vue ; elle est exclusive et despotique : aussi l'expression du peintre est-elle bien plus forte. (Œuvres II, 185)

P. E. Charvet traduce el título de este ensayo "Pourquoi la sculpture est ennuyeuse" como "Por qué la Escultura es Aburrida,"[12] aunque la palabra "ennuyeuse" también puede significar "molesta" o "incómoda." En el pasaje citado aquí, una escultura no es ciertamente aburrida o monótona; es más bien misteriosa y molesta para un idealista tiránico que no puede permitir que una obra de arte tenga vida propia. Baudelaire defiende aquí la postura idealista de que el arte inmaterial es superior, aunque el pasaje delata una ansiedad tácita del idealista, que no puede tolerar ninguna materialidad extraña que no se someta al control del autor.

Esta insistencia idealista en la inmaterialidad se convierte a menudo en objeto de parodia en la literatura decadente. Así pues, la presencia de la escultura en la literatura de *fin-de-siècle* evoca no solo el ideal clásico, sino también un rasgo de placer perverso que pretende precisamente irritar a los obstinados discípulos del idealismo. Para una referencia rápida antes de proseguir con la línea principal del argumento, el héroe de *Á rebours* de Huysmans saborea su placer decadente introduciendo en su salón "un petit sphinx, en marbre noir" y "une chimère, en terre polychrome"— y, precisamente como lo prohíbe el idealista Baudelaire, *des Esseintes* baña a las místicas criaturas en oscuras sombras. Bajo la luz temblorosa, las pequeñas estatuas se magnifican y resultan aún más misteriosas:

Il plaça chacune de ces bêtes à un bout de la chambre, éteignit les lampes, laissant les braises rougeoyer dans l'âtre et éclairer vaguement la pièce en agrandissant les objets presque noyés dans l'ombre. (IX, 138)

Des Esseintes encarga entonces a su amante, una ventrílocua, que le ponga voces a las dos estatuas con entonaciones estrambóticas y guturales. La quimera anuncia la misión de *Decadence*, una línea que cita de una de las escenas de Flaubert en *La Tentation de saint Antoine* :

"Je cherche des parfums nouveaux, des fleurs plus larges, des plaisirs inéprouvés." (IX, 139)

¿Qué placer desconocido es este? *Des Esseintes* comparte el mal físico del *fin-de-siècle*, es decir, su impotencia, que suele ser una metáfora de que el artista ha perdido su control autoral sobre la materia. Si aquí la creación de *des Esseintes*

---

[12] Charles Baudelaire, *Selected Writings on Art and Literature*, trans. P.E. Charvet (Penguin Books, 2006), 98.

parece perversa, se debe a que su obra de arte no expresa sus pensamientos individuales, sino el misterioso efecto de la materialidad. Pero entonces *des Esseintes* reescribe este puro misterio de la materialidad como expresión de su sed de lo desconocido, del *idéal inassouvi*, que le permite "tâtonner sans jamais arriver à une certitude" (IX, 139). Mientras que el pintor idealista afirma su superioridad de artista creando el efecto artístico exactamente como lo pretende, la relación de *des Esseintes* con el ideal es una búsqueda perpetua, ya que nunca llegará a lo absoluto mientras que esta búsqueda esté alimentada por la excitación ante la misteriosa materialidad.

Á rebours encarna la cúspide del espíritu finisecular, aunque el edificio del idealismo no se derrumbe en un solo día. La escuela parnasiana, por ejemplo, pese a que desafía la estima de Hegel por el arte inmaterial honrando a la estatua de mármol de Venus de Milo como su musa y amante, está compuesto por un grupo de viriles poetas que creen que su mente prodigiosa puede conquistar la materia más resistente, del mismo modo que a menudo imaginan que pueden *dar vida* a la estatua de mármol de Venus para poder así *profanarla*. Comencemos con una introducción sobre la poética parnasiana para evaluar hasta qué punto son radicales las búsquedas de materialidad misteriosa de Baudelaire y Huysmans. En la poesía Parnasiana, se sigue insistiendo en la fantasía de que el poeta puede dominar a la estatua con sus proezas poéticas, a pesar de que la estatua de mármol se muestre distante y resistente. Sin embargo, para Baudelaire, en el culto finisecular a la artificialidad, la piedra es eternamente una piedra, y el amor del poeta por la estatua nunca será correspondido. En cambio, el énfasis se desplaza hacia una disociación entre la apariencia y el yo interior, hacia el hecho de que la superficie material es simplemente ininteligible, quizá totalmente inerte, mientras que la proyección que el poeta hace de la estatua es irónicamente ilusoria. Es este amor difícil, no correspondido, hacia la estatua de mármol, donde la materia no puede ser conquistada y convertida en vida, lo que más me interesa discutir.

Los poetas parnasianos defienden un movimiento consciente que se rebela contra la expresión emocional del Romanticismo, y adoptan como símbolo de su ideal poético una estatua de mármol blanco de Venus o una esfinge—que simboliza las cualidades poéticas deseadas de impasibilidad, eternidad y, también, autonomía de una obra de arte que exige el amor desinteresado del poeta, pues es estéril, su existencia solo sirve a un fin estético y no satisface el deseo carnal.[13] Ya Hegel comentaba que la estatua, como emblema del arte clásico, tiene su espíritu replegado en sí misma, a diferencia del arte Romántico, donde la obra de arte tiene

---

[13] Una versión abreviada del debate sobre la poesía parnasiana que se ha publicado en Wu, "A Dream of a Stone," 422–24.

una conexión emocional más directa con su espectador. La estatua no comunica, sino que refleja el deseo del espectador como un espejo:

> Las obras supremas de la bella escultura carecen de vista, y su ser interior no mira fuera de ellas..... Esta luz del alma cae fuera de ellas y pertenece solo al espectador; cuando mira estas formas, el alma no puede encontrarse con el alma ni tampoco mirada con mirada. Pero el Dios del arte Romántico aparece viendo, conociéndose a sí mismo, interiormente subjetivo, y revelando su ser interior al ser interior del hombre.[14]

Sin embargo, para Théophile Gautier, que desarrolla muchos motivos del parnasianismo, la estatua retraída es aún más atractiva que la que desvela su interior. En su novela *Mademoiselle de Maupin* (1835),[15] el héroe de Gautier transforma la materialidad de la obra de arte en una metáfora que inspira al amor desinteresado del poeta y, al mismo tiempo, sostiene perpetuamente su deseo, puesto que este es siempre inaccesible:

> Il y a quelque chose de grand et de beau à aimer une statue, c'est que l'amour est parfaitement désintéressé, qu'on n'a à craindre ni la satiété ni le dégoût de la victoire, et qu'on ne peut espérer raisonnablement un second prodige pareil à l'histoire de Pygmalion.

La estatua, aunque de mármol, tiene la forma sensual de una mujer, y esta forma sensual permite transacciones entre el deseo subjetivo y la inaccesibilidad material. La estatua es insensible, pero aquí su inaccesibilidad entra en la fantasía del poeta como una cualidad que le desafiaría para siempre a perseguirla. Siguiendo el dictado kantiano, la esencia del objeto se retira, pero su apariencia refleja el deseo proyectado del espectador. Amar la estatua inaccesible solo por su superficie sensual y no por su expresión interior es entonces, por un lado, un énfasis en la materialidad de una obra de arte, mientras que por otro no deja de ser una variante del idealismo, ya que lo que amamos es solo una proyección de nuestro deseo.

En su culto a la forma poética pulida, los Parnasianos reconceptualizan la creación del arte— ya no como imaginación inmaterial— sino como relación entre una mente triunfante sobre una materia resistente. "En su poema "L'Art" (1852),[16] Gautier sostiene que las palabras tienen su materialidad resistente del

---

[14] Hegel, *Aesthetics,* Vol. 1, p. 520-21.

[15] Théophile Gautier, *Mademoiselle de Maupin* (Paris: G. Charpentier, 1880), 153.

[16] Théophile Gautier, *Émaux et Camées, Œuvres de Théophile Gautier. Poésies,* volumen III (Lemerre, 1890), 132-34.

mismo modo que un mármol blanco es resistente al cincel de un escultor. Y el valor del poema depende precisamente de lo resistente que sea la materia trabajada: "Oui, l'œuvre sort plus belle / D'une forme au travail / Rebelle, / Vers, marbre, onyx, émail." La eternidad de un verso no se basa ahora en la eternidad universal del espíritu hegeliano, sino más bien en cómo el pensamiento puede exteriorizarse y grabarse en la materialidad duradera del poema: "L'art robuste / Seul a l'eternity."

Para Gautier, las palabras tienen su materialidad porque poseen sus propios significados antes de entrar en la creación del poeta. Estos valores innatos en las palabras constituyen una belleza propia, como la de las piedras preciosas; mientras que la tarea del poeta consiste únicamente en ordenar estas bellas palabras en versos rimados y poéticos, como un orfebre ordena piedras preciosas en un brazalete. Como sostiene Gautier en su prefacio a la edición de 1868 de *Les Fleurs du mal*:

> Pour le poëte, les mots ont, en eux-mêmes et en dehors du sens qu'ils expriment, une beauté et une valeur propres comme des pierres précieuses qui ne sont pas encore taillées et montées en bracelets, en colliers ou en bagues : ils charment le connaisseur qui les regarde et les trie du doigt dans la petite coupe où ils sont mis en réserve, comme ferait un orfèvre méditant un bijou. Il y a des mots diamant, saphir, rubis, émeraude, d'autres qui luisent comme du phosphore quand on les frotte, et ce n'est pas un mince travail de les choisir.[17]

Pero entonces, a pesar de que las palabras tienen su materialidad irreductible como las piedras preciosas, la relación entre mente y materia aquí sigue siendo que el intelecto dará forma poética al contenido en bruto. El poeta afirma su intelecto cuando, como conocedor de piedras preciosas, elige las palabras precisas y las ordena en versos rimados y simétricos, y así consigue que las palabras expresen debidamente sus pensamientos.

La forma poética debe encajar perfectamente con la materia, los pensamientos con las palabras elegidas, como zapatos que se ajustan a los pies y permiten caminar más lejos. El poeta pretende afirmar su proeza dándole forma a la ardua piedra para, así, lograr su fantasía, y conceder eternidad a sus ideas fugaces: "Sculpte, lime, cisèle ; / Que ton rêve flottant / Se scelle / Dans le bloc résistant !" Del mismo modo, Leconte de Lisle compara sus pensamientos con el metal duro, que, sin embargo, debe fundirse en los versos de la poesía creada: "Et fais que ma pensée en rythmes d'or ruisselle / comme un divin metal au moule harmonieux." De Lisle reza aquí a la estatua de Venus de Milo, que es

---

[17] Baudelaire, *Oeuvres*, Vol. 1, p. 46.

una pieza de mármol blanco que asume su identidad divina en virtud de la fuerza modeladora del artista: "Marbre sacré, vêtu de force et de genie."[18] Reconociendo que las palabras tienen su materialidad, para los Parnasianos, esta materialidad solo existe para ser conquistada por el poder intelectual del poeta.

A veces, sin embargo, nos encontramos con que el poeta hace trampas evidentes y que la resistencia material no es más que un simulacro: la presencia material, en algunos casos, solo existe como impresión o figura retórica, que luego puede transformarse, fácilmente, al antojo del poeta. En la "Symphonie en blanc majeur" (1852),[19] de Gautier, el poeta compara a la mujer que ama, casta, pura y bella en su imaginación, con una serie de sustancias y animales blancos sin orden lógico: mármol, nubes, lirio, espuma blanca del mar de la que nace Venus, marfil, armiño, azogue, espino de mayo, alabastro, paloma. Estas sustancias blancas se evocan como símiles para construir la impresión de que la mujer es de otro mundo y está fuera de su alcance. El poeta hace gala de su destreza poética para convencernos de que su belleza es divinamente pura, pero luego, cuando llega el momento de conquistar esta belleza divina, el poeta convenientemente elige una sustancia blanca que puede ser fundida, metafóricamente por la pasión del poeta.

> Est-ce la Madone des neiges,
> Un sphinx blanc que l'hiver sculpta;
> Sphinx enterré par l'avalanche,
> Gardien des glaciers étoilés,
> Et qui, sous sa poitrine blanche,
> Cache de blancs secrets gelés?
>
> Sous la glace où calme il repose,
> Oh ! qui pourra fondre ce cœur !
> Oh ! qui pourra mettre un ton rose
> Dans cette implacable blancheur !

La estatua de una esfinge puede estar tallada en mármol blanco, pero una esfinge de nieve es sin duda una criatura exclusiva de la imaginación poética. La esfinge de nieve es distante, pero es ontológicamente diferente de la estatua de mármol que rechaza al poeta en virtud de su materialidad inorgánica. La esfinge de nieve tiene el pecho blanco, pero bajo él se esconde un amor secreto. Y quizá porque el amor de la esfinge es exclusivo de alguien, permanece gélida para todos los

---

[18] Leconte de Lisle, "Vénus de Milo," en *Poèmes Antiques* (Alphonse Lemerre, 1886), 134–36.

[19] Gautier, *Émaux et Camées*, 22-24.

demás pretendientes. Para la persona especial, su corazón se derrite, ella podría incluso desvanecerse, y ya no podría mantener su gélida identidad. Aquí, la existencia de la esfinge nevada reside sin lugar a dudas en la imaginación del poeta, ya que existe para cumplir la fantasía más ambiciosa del poeta: crear la mujer más bella que, además, sea exclusiva para él. Lo que vemos aquí es precisamente una recreación del mito de Pigmalión en la que el creador está enamorado de la criatura modelada por su imaginación, mientras que el intercambio entre la estatua y la mujer solo sirve para demostrar la proeza de la fantasía poética. Y la proeza poética—en la medida en que el poeta puede evocar y luego transformar a su antojo la sustancia blanca, del mismo modo que puede convertir el mármol inaccesible en hielo y luego derretirlo—es un derecho de nacimiento concedido por el idealismo.

Naturalmente, el lector puede dudar aquí del valor de este argumento, ya que sabemos de antemano que las sustancias blancas de la "Symphonie en blanc majeur" son solo figuras retóricas, evocadas para adornar el objeto del deseo, que evidentemente aquí es una mujer. En cambio, en "À Vénus de Milo" (1842) de Théodore de Banville, el poeta se dirige explícitamente a una estatua de mármol. Y, una vez más, la estatua corre el riesgo de transformarse una vez que entra en el ámbito de la imaginación poética. En el poema asistimos a una fácil transferencia de las propiedades entre lo humano y la estatua, en la que la estatua de Venus cobra vida y el poeta se convierte en *amant sculpté*.

> Ô Vénus de Milo, guerrière au flanc nerveux,
> Dont le front irrité sous vos divins cheveux
> Songe, et dont une flamme embrase la paupière,
> Rêve aux plis arreêtés, grand poème de pierre,
> Débordement de vie avec art compensé,
> Vous qui depuis mille ans avez toujours pensé,
> J'adore votre bouche où le courroux flamboie
> Et vos seins frémissants d'une tranquille joie.
>
> Et vous savez si bien ces amours éperdus
> Que si vous retrouviez un jour vos bras perdus
> Et qu'à vos pieds tombât votre blanche tunique,
> Nos froideurs pâmeraient dans un combat unique,
> Et vous m'étaleriez votre ventre indompté,
> Pour y dormir un soir comme un amant sculpté ![20]

---

[20] Théodore de Banville, *Les Cariatides* (Paris: Pilout, 1842), 373–74.

En los ocho primeros versos del poema, vemos que la estatua de Venus está esculpida con tanta viveza que parece encarnar todas las emociones humanas: sus párpados arden de pasión y sus labios de ira, parece pensativa mientras sus pechos se estremecen de tranquila alegría. Aunque de Banville es uno de los primeros teóricos del Parnasianismo, su descripción aquí es más dinámica que estática, más Romántica que Parnasiana. Aquí el arte no es superior a la Vida ni está disociado de ella, como suelen afirmar los decadentes: más bien, la estatua está tan bien tallada que compensa la falta de vida en ella ("Débordement de vie avec art compensé"). En los seis versos siguientes, volvemos a ver que el poeta recrea el mito de Pigmalión y que la estatua cobra vida, y nos damos cuenta de lo difícil que es, en realidad, dejar que la estatua sea estatua y abstenerse de apropiársela en el ámbito de la imaginación. La figura retórica que de Banville emplea aquí es el *apóstrofe*, "la llamada a seres inanimados, muertos o ausentes."[21] Y, como comenta Barbara Johnson, el apóstrofe como poder poético se manifiesta a menudo como "la transformación, aparentemente involuntaria, de algo material en un instrumento capaz de sondear las profundidades de la humanidad."[22] El poeta llama a la estatua de Venus, y, aunque se limita a contar la posibilidad de que, algún día, de algún modo, recupere su brazo perdido, el poder de la voz poética es tal que puede *visualizar* cualquier cosa imaginativa en su poema, en la que se incluye la de devolver a Venus su brazo perdido, dar vida a la estatua, despojarla de su túnica y acostarla y colocar su cuerpo sobre su lecho. A su vez, el poeta se convierte en un "amante esculpido," lo que supuestamente es un castigo por su fantasía profana. Pero en realidad no asume ninguna cualidad de la estatua, solo se desmaya de éxtasis. Al convertir a la estatua de Venus en su amante, de Banville afirma su soberanía poética casi sin pudor. El lomo invicto de Venus ("ventre indompté") es virgen y sagrado para los mortales sin imaginación, pero está ahí para ser saboreado por la imaginación omnipotente del poeta.

En el *fin-de-siècle*, sin embargo, este culto Parnasiano a la estatua se convirtió en el blanco de una sofisticada ironía. El *L'Eve future* (1886)[23] de Villiers de l'Isle-Adam, comienza con el orgullo idealista de tener a la estatua perfecta como espejo de nuestro deseo. El científico de la novela es el Sr. Edison, — Villiers toma prestada la fama del inventor estadounidense contemporáneo que ilumina el mundo con sus bombillas — que vive en Menlo Park y evita hablar con seres humanos vivos salvo a través de sus inventos, como los fonógrafos o los teléfonos. El Sr. Edison afirma su principio de artificialidad, es

---

[21] Barbara Johnson, *Persons and Things* (Harvard University Press, 2010), 6.
[22] Johnson, *Persons and Things*, 8.
[23] Auguste Villiers de L'Isle-Adam, *L'Ève Future* (Paris: Bibliothèque-Charpentier; Eugène Fasquelle, 1909).

decir, que el arte es superior a la vida, que una estatua es superior a una mujer viva precisamente porque la estatua es irreflexiva y solo refleja los pensamientos del poeta. Lord Ewald le confiesa a Edison la angustia de que su amada, la Srta. Alicia, tiene la forma perfecta de la Venus Victoriosa de mármol (de hecho, guarda una sorprendente similitud con ella) (40), pero posee un alma superficial que solo valora el dinero y la fama.

> Le seul malheur dont soit frappée miss Alicia, c'est la pensée ! – Si elle était privée de toute pensée, je pourrais la comprendre. La *Vénus* de marbre, en effet, *n'a que faire de la Pensée*. La déesse est voilée de minéral et de silence. Il sort de son aspect ce Verbe-ci : – « Moi, je suis *seulement* la Beauté même. » (64, énfasis en el original)

Sin saberlo, Ewald pronuncia la máxima de la artificialidad: la Belleza debe ser superficial y su forma ideal más elevada debe ser una estatua de mármol inconsciente. Edison promete sacar a Ewald de la angustia en la que se encuentra—aunque su solución sea crear un androide metálico exactamente igual a Alicia, pero sin su personalidad filistea. La narración tiene lugar mientras Edison da una larga conferencia sobre la anatomía mecánica dla androide y, mientras Ewald protesta ocasionalmente sobre que no amará a un sustituto sin alma, Edison aprovecha para seguir avanzando en su filosofía de la artificialidad. Sus conversaciones siguen vagamente la forma de los diálogos de Platón, mientras que Ewald es el interlocutor que expone lo absurdo de las propuestas de Edison, antes de que este se inicie finalmente en el ocultismo de un amor hacia lo inorgánico. Edison habla con una lógica impecable y aprovecha una frase que Ewald vocifera en su agitación, en la que desea que la señorita Alicia sea simplemente una perfecta forma escultural, pero sin esos vulgares pensamientos—"Qui m'ôtera cette âme de ce corps?" (80)—y le reitera esta frase a Ewald cada vez que pone objeciones (142, 224), con el fin de asegurarle que el objeto más ideal del deseo es una estatua sin alma.

Ewald, en su descripción de la Venus de mármol, reproduce la definición de Hegel de las estatuas citadas anteriormente—la "luz del alma cae fuera de ellas y solo pertenece al espectador," que asumirá la profundidad interior de la estatua precisamente porque es irreflexiva:

> Je ne pense que par l'esprit de qui me contemple. En mon absolu, toute conception s'annule d'elle-même, puisqu'elle perd sa limite. Toutes s'y abîment, confondues, indistinctes, identiques, pareilles aux vagues des fleuves à l'entrée de la mer. Pour qui me réfléchit, je *suis* telle qu'il peut m'approfondir. (64)

Mientras que para Hegel lo bello se define por la profundidad interior del espíritu, Edison defiende el amor a la apariencia superficial de la androide. Pero, lo que es más perverso, Edison también argumenta que este amor por la estatua cumple exactamente la definición de Hegel sobre el Ideal, ya que la negación del alma de la estatua facilitará la unidad del espíritu en el objeto de arte.: *"The Thing is 'I',"* "el conocimiento puro del Ser sobre sí mismo."[24] La androide recibe el nombre de Hadlay, que significa "Ideal" en iraní (126). Y Edison explica el Ideal como una objetivación del deseo de Edison, una reproducción de su propia alma.

> Enfin, c'est cette vision, objectivée de votre esprit, que vous appelez, que vous voyez, que vous créez en votre vivante, *et qui n'est que votre âme dédoublée en elle.* (110)

Pronto veremos que este sueño ideal de amor narcisista se materializa de la forma más ridícula.

Edison crea, por una parte, la falsa impresión de que la androide es una imitación perfecta, o incluso sublimada, de la vida. Reemplazando espiritualidad (*spiritisme*) por electricidad (*l'électricité*) (160), Edison asegura que los andares de la androide son como los de una persona sonámbula (*somnambule*) lo cual denota su éxtasis místico (*extase mystique*) (237). Antes de que la androide encarne la forma de la señorita Alicia, Edison le pide a Ewald que vaya a visitarla. En ese momento, la tiene cubierta con una elegante capa de armadura, con el rostro oculto por un tupido velo y tiene dominio sobre una bandada de bulliciosos pájaros artificiales (158). Además, parece capaz de responder a las preguntas que le hace Edison con sutileza y una delicada sofisticación. Cuando Ewald le pregunta a Edison si va a dotar al Androide de "una inteligencia":

> – *Une* intelligence? non: l'Intelligence, oui. (105, énfasis en el original)

Por otro lado, Edison bombardea a Ewald con una meticulosa disertación sobre la constitución artificial de la androide en términos científicos llanos, hasta el punto de que Ewald se siente abrumado: "Savez-vous…qu'il est vraiment infernal de voir les choses de l'Amour sous un jour pareil ?" (271-72, elipsis del autor). Nos dicen que la androide está hecha de preciadas sustancias y, por tanto, es inmortal. Además, sus articulaciones están lubricadas con aceite de rosas y sus ojos son de piedras preciosas (267). Lleva unos anillos de turquesas y amatistas que a su vez son los botones con los que Ewald le dará las órdenes de lo que quiere que haga, pero, lo más importante es que su órgano vocal son dos discos

---

[24] Hegel, *Phenomenology of Spirit*, 481-82. Énfasis en el original.

fonográficos de oro puro "l'or vierge," "doué d'une résonnance plus fémininement sonore, plus sensible, plus exquise" (132).

Solo más adelante (evidentemente) Edison explica que lo que él entiende por conversaciones inteligentes, son en realidad, fonogramas grabados de palabras, de veinte horas de duración total, de "les plus grands poètes, les plus subtils métaphysiciens et les romanciers les plus profonds de ce siècle," algunas de ellas inéditas pero de las que Edison ha conseguido los derechos de autor a un coste extravagante (215). De repente, Ewald se da cuenta de que, para interactuar con la androide, debe aprender de memoria cuál es la respuesta pregrabada de la androide, — ¡para poder hacer la pregunta correcta! (216). Sin embargo, Edison continúa con su discurso:

> Il est tant de mots vagues, suggestifs, d'une élasticité intellectuelle si étrange ! et dont le charme et la profondeur dépendent, simplement, de *ce à quoi ils répondent !*

> Un exemple : je suppose qu'une parole solitaire… le mot « *déjà !* » soit le mot que *devra* prononcer, — en tel instant, — l'Andréïde. Je prends ce seul mot, au lieu de n'importe quelle phrase. Vous attendez cette parole, qui sera dite avec la voix douce et grave de Miss Alicia Clary et accompagnée de son plus beau regard perdu en vos yeux.

> Ah! songez à combien de questions ou de pensées ce seul mot peut répondre magnifiquement ! Ce sera donc à vous d'en créer la profondeur et la beauté *dans votre question même.* (219, énfasis en el original)

Las respuestas de la androide son siempre sugerentes, explica Edward con orgullo. Por ejemplo, puede exclamar "¡ya!", y su amante puede construir todo tipo de preguntas para que esta respuesta suene sabia, sofisticada y, sin embargo, distante. Frente a la estética de Hegel según la cual la obra de arte debe ser la proyección de nuestra alma, Villiers expone que este narcisismo es sin duda absurdo, tan absurdo como el pastor de Yeats hablando a una concha con eco. En protesta contra el idealismo, los artistas del *fin-de-siècle* hacen hincapié en la simple verdad de que amar o conversar es esencialmente un deseo de establecer una conexión con un Otro.

Pero justo cuando la conferencia de Edison sobre la constitución artificial de la androide continúa, este empieza a imponer su individualidad y su extraña lógica de pensamiento. Pide donativos con toda elocuencia en nombre de una viuda pobre, y Ewald se ve obligado a echarle varios billetes en el bolso (247-248). Cuando Edison empieza a reírse compulsivamente de la idea de estar enamorado de una máquina, la androide encuentra la oportunidad de reírse de la señorita Alicia, risa que su pájaro artificial repite con más fuerza. Y el narrador comenta:

> Lord Ewald comprit que l'Andréïde lui montrait qu'elle savait rire aussi des vivants. (260)

Y lo que es más extraño, si bien la androide parece mostrar simpatía por una viuda en particular, no se preocupa por el destino del planeta, como si su perspectiva estuviera mucho más allá de la humanidad. Cuando Edison le plantea una pregunta hipotética: ¿y si existe un dios que, por capricho, destruye todo el sistema solar con su rayo?

> – Eh bien? dit Hadaly.

> – Eh bien! que penseriez-vous d'un tel phénomène, s'il vous était permis d'en contempler l'effrayante performance? acheva Edison.

> – Oh! répondit l'Andréïde avec sa voix grave et en faisant monter, sur ses doigts d'argent, l'oiseau de paradis, – je crois que cet événement passerait, dans l'inévitable Infini, sans qu'il lui fût accordé beaucoup plus d'importance que vous n'en donnez aux millions d'étincelles qui pétillent et retombent dans l'âtre d'un paysan. (266-267)

La novela sigue jugando con la dinámica de la ilusión propia y la alteridad ajena, y Ewald se ve desafiado por ambas. La androide es a la vez un espejo de la ilusión diseñado para reflejar el deseo anhelante del amante, una réplica de la que Ewald no se digna enamorarse, y un Otro último que expone la perspectiva antropocéntrica de los humanos. Si la androide ni siquiera se preocupara por la destrucción de todo el planeta, entonces la creencia de Ewald de que solo debería dedicar su amor a otro ser humano sería para ella mucho más insignificante, de hecho, patéticamente autocompasiva, que la preocupación de un campesino por las pavesas de su fogón.

Hacia el final de la novela, Villiers concilia todos estos desafíos a la humanidad dotando a la androide de un alma desconocida, ya que está animada por una mujer en trance cataléptico (368), y haciendo que la androide sea destruido en el fuego para impedir el amor prohibido (370). Con todo, la novela Decadente convierte el deseo idealista de imponer la propia imaginación a una cosa en una sofisticada fórmula de artificialidad—que expone a la vez lo absurdo de este amor narcisista y la imposibilidad de domesticar la cosa misteriosa. El culto del *fin-de-siècle* a la artificialidad se formula a menudo como una incongruencia irónica entre la apariencia y el yo interior, y en este caso, la androide, creado como objeto perfecto de amor para satisfacer el deseo humano, solo sirve para poner de relieve la alteridad de la cosa material.

II. Un Sueño de Piedra

Mientras que el propósito de Villiers es ironizar sobre el idealismo exponiendo la extranjería de la cosa bajo el amor narcisista, el poema "La Beauté"[25] de Baudelaire es derrocar abiertamente la doctrina idealista amando la Otredad de la piedra. Entre las obras que persiguen el motivo parnasiano del amor poético a la estatua,[26] por lo general salvajemente concebido y mal ejecutado, el poema "La Beauté" de Baudelaire es el único que sigue su manifiesto original y no recrea el mito de Pigmalión. En este sentido, el poeta de "La Beauté" es el que realmente ha saboreado el nuevo placer de la Decadencia. Con el gran título del poema, propongo que el poema se lea como un tratado filosófico de cómo la imaginación debe relacionarse con la materia en el proceso de creación poética. Contrariamente a la imagen presentada por sus contemporáneos parnasianos, en este poema, la materia resistente ya no permite el dominio poético, a pesar de su actitud aparentemente tentadora que provoca vanamente el deseo del poeta. El poema comienza con la narración en primera persona de la propia voz de Bella:

> Je suis belle, ô mortels! Comme un rêve de pierre,
> Et mon sein, où chacun s'est meurtri tour à tour,
> Est fait pour inspirer au poète un amour
> Éternel et muet ainsi que la matière.

La figura retórica aquí no es el apóstrofe, como en "À Vénus de Milo," de Banville, capaz de transformar el objeto a medida que entra en la visión poética. Se trata más bien de una prosopopeya en la que se personifica una cosa y se le da voz y rostro, como un monumento o una lápida que habla a través de su epitafio, mientras que su existencia demuestra que el arte sobrevive a su creador.[27] El primer verso del poema es ya de una complejidad extrema. "Je suis belle, ô mortels!"— la primera mitad del primer verso ofrece

---

[25] Charles Baudelaire, *Les Fleurs du mal* (Poulet-Malassis et De Broise, 1861), No. 17. La discusión acerca de "La Beauté" de Baudelaire ha sido publicada en Wu, "A Dream of a Stone," 421–27.
[26] Francis Heck, sin embargo, argumenta que "La Beauté" de Baudelaire presenta una ironía subyacente de la estética parnasiana. Véase Francis S. Heck, "'La Beauté': Enigma of Irony," *Nineteenth-Century French Studies* 10, no. 1/2 (1981): 85–95.
[27] Johnson, *Persons and Things*, 12-13.

ya una imagen de la Belleza, y el signo de exclamación pide una pausa temporal para examinar esta imagen. Esta primera impresión de la Belleza, aunque parcial, cuenta mucho y da un punto de partida para el análisis posterior. La Belleza comienza reivindicando su existencia autosuficiente — soy bella o la Belleza es bella — que resulta sorprendentemente independiente del poeta. La afirmación es una inversión de la máxima del Idealismo alemán: La máxima de Fichte A=A, según la cual nuestra percepción del objeto es producida por nuestra percepción; así como la definición de Hegel según la cual el arte es producido por el deseo del hombre de "representar[se] a sí mismo alterando las cosas externas en las que imprime el sello de su ser interior,"[28] que Gautier interpreta como "Que ton rêve flottant / Se scelle / Dans le bloc resistant!" La Belleza se niega por ahora a ser un espejo de la imagen del poeta (aunque lo es precisamente, lo que admitirá en la cuarta estrofa); más bien afirma su autonomía tautológica y absoluta: La belleza es bella. La Belleza presume de diosa y se dirige a los poetas como "mortales." Parece ser la singular y arquetípica Idea de Belleza de Platón, que es independiente y buscada por todos los poetas; en lugar de, como explica Baudelaire en el Romanticismo, que lo bello sea la expresión de la visión interior del poeta coloreada por su temperamento individual—"C'est l'invisible, c'est l'impalpable, c'est le rêve, c'est les nerfs, c'est l'*âme*" (Œuvres III, 6).

Al terminar de leer la primera línea, sin embargo, descubrimos que la Belleza absoluta es calificada piedra "comme un rêve de pierre." "Un rêve de pierre" tiene un significado ambiguo, ya que no podemos estar seguros de quién sueña (el poeta o la Belleza pétrea), ni de qué se compone el sueño (piedra o lo bello). Esta cópula lingüística "de" permite "la cadena infinita de transformaciones tropológicas,"[29] por tomar prestada una frase de Paul de Man, mientras que se requiere una hipótesis crítica para congelar momentáneamente su movimiento. Una posibilidad es leer el uso que hace Baudelaire de "un rêve de pierre" como una alusión al "rêve aux plis arreêtés, grand poème de pierre," de Banville, que—si el mármol blanco pudiera soñar—otorga pensamientos y expresión, y por tanto valor estético, a la estatua de Venus. La piedra puede soñar, y soñar es tradicionalmente el poder de la imaginación poética, por lo tanto la Belleza es *ciertamente* autosuficiente, mientras que el poeta está perpetuamente exiliado de su jardín del Edén. Otra forma de interpretarlo— si queremos salvar la condición abyecta del poeta— es suponer que es el poeta implícito quien sueña, y, *además,* que el poeta es masoquista al elevar a la Belleza a este pedestal inaccesible. Considerando que el poema está compuesto en una estructura simétrica que permite constantemente la transferencia entre el

---

[28] Hegel, *Aesthetics*, Vol. I, p. 31.
[29] de Man, *The Rhetoric of Romanticism*, 241.

sujeto y el objeto, propongo leerlo como si fuera el poeta el que está soñando, lo que crea entonces un paralelismo con el final de la estrofa "un amour / Éternal et muet ainsi que la matière." Leído de este modo, el pequeño soneto se gesta por tanto como un tratado filosófico de una obra de arte: una fórmula de cómo la mente creativa debe relacionarse con la materia resistente. Mi esperanza al adoptar este punto de vista exclusivo es, siguiendo a Baudelaire, que esta hipótesis abra un horizonte más amplio ("la critique doit être partiale, passionnée, politique, c'est-à-dire faite à un point de vue exclusif, mais au point de vue qui ouvre le plus d'horizons") (Oeuvres II, 84). La definición filosófica de "lo bello," se explica, pues, como una relación entre dos entidades—el sueño de la piedra—que representa la dinámica del sujeto y el objeto. El objeto del amor ("un rêve de pierre") se incorpora aquí tan plano como una piedra, el ejemplar de la propia materia muda e insensible, en lugar de cualquier objeto que convencionalmente se asocie a valores poéticos como el oro o la gema. "Je suis belle, comme un rêve de pierre": la piedra es bella, porque y precisamente porque entra en relación con el poeta, y se convierte en objeto del deseo poético.

"Et mon sein, où chacun s'est meurtri tour à tour"— La belleza vuelve a afirmar aquí la independencia de la cosa, ya que es impermeable al amor del poeta. Su pecho es capaz de herir, presumiblemente porque su pecho es de piedra. A diferencia de la fascinación Parnasiana por la estatua de Venus, en este poema la Belleza no estaría transformada por el amor poético. "Est fait pour inspirer au poète un amour"— en la tercera línea, la autonomía de la Belleza es, sin embargo, secretamente traicionada: la piedra está hecha o creada ("est fait") para ser inaccesible, o es conceptualizada así por el poeta filosófico—para así sustentar el amor eterno del poeta. "Est fait pour inspirer au poète un amour/ Éternel et muet ainsi que la matière"— Terminada la lectura del cuarto verso, nos damos cuenta entonces de por qué el estado transcendental de la Belleza es imperativo: en contra de la tradición idealista, el amor del poeta no transforma la materia, sino a *sí mismo*. El poeta aspira a una transformación de sí mismo hacia la Otredad, a asumir cualidades de materia en contraste con la vida, tan muda como eterna (el término de Baudelaire para este deseo, como se verá más adelante, es dandismo). Más radicalmente que sus homólogos parnasianos, la estatua pétrea del poema de Baudelaire se resiste, no para ser conquistada, transformada y profanada finalmente como en la poesía parnasiana, sino para sostener una búsqueda poética perpetua e incitar al poeta a transformarse para amar al Otro. Lo bello se define entonces como la estructura más peculiar de la búsqueda poética: Es bello porque el poeta ama la piedra, y porque la piedra es eternamente inaccesible para que el deseo poético sea perpetuo. Aquí mente y materia se conceptualizan en un marcado contraste: el poeta está inspirado, la piedra es indiferente; el poeta es vulnerable a las heridas, la piedra eternamente muda. Además, Baudelaire metaforiza las cualidades de la propia materia — muda, impasible y eterna— como las virtudes del Ideal que inspira la búsqueda poética. El poema puede leerse entonces como un manifiesto estético de Baudelaire: lo bello se define por el amor del poeta hacia la materia muda, y por las disparidades entre ambos. El poeta es deseoso; la piedra es muda; el amor no se cumplirá—pero definirá lo bello como esta estructura de perpetua persecución poética. Se trata de una formulación radicalmente nueva de lo bello en comparación con sus predecesores idealistas. Mientras que Hegel define el arte romántico"como el hecho de que la Idea poética se vuelve autosuficiente e independiente de la materia, Baudelaire, en este pequeño soneto, redefine lo bello como el amor poético hacia el Otro definitivo, la materia inaccesible.

La segunda estrofa trata, presumiblemente, del proceso creativo del poeta, pero de nuevo desde el punto de vista de la Belleza. Aquí vemos que la Belleza usurpa el poder de transferencia metafórica que tradicionalmente se atribuye al poeta—ya que los esfuerzos creativos del poeta se redefinirán en la tercera y cuarta estrofa.

> Je trône dans l'azur comme un sphinx incompris ;
> J'unis un cœur de neige à la blancheur des cygnes ;
> Je hais le mouvement qui déplace les lignes,
> Et jamais je ne pleure et jamais je ne ris.

En efecto, la piedra es misteriosa porque carece de emociones y nunca se comunica. La incomprensible esfinge es, sin embargo, una imagen de la imaginación poética a través de la cual el poeta se relaciona con la piedra. La esencia de la belleza puede ser simplemente una piedra, pero para relacionarse con el poeta, todavía necesita asumir una apariencia sensual, una figura con significado humano. La búsqueda poética se basa entonces en un malentendido— pétrea impasibilidad tomada por misterio psicológico — en el que mente y materia intercambian rasgos. "J'unis un cœur de neige à la blancheur des cygnes" podría ser un acertijo que pronuncia la esfinge, en virtud de quién usurpa el poder poético de unir e intercambiar rasgos entre sujeto y objeto, entre el corazón de un cisne y la blancura de la nieve. Y si comparamos la esfinge de Baudelaire con la esfinge de Gautier en "Symphonie," encontramos que en el poema de Baudelaire cualquier progreso poético está extrañamente suspendido y anticipado. Mientras que la esfinge de Gautier tiene un corazón helado que espera a derretirse, la piedra de Baudelaire no anticipa ser moldeada en una obra de arte—simplemente odia cualquier movimiento del poeta que pueda perturbar la rectitud. La esfinge de Gautier prevé sonrojarse, mientras que la de Baudelaire afirma que nunca llorará ni reirá. La resistencia de la pétrea esfinge de Baudelaire no es un gesto coqueto para una eventual conquista, sino que sirve para perpetuar el deseo poético.

La tercera estrofa redefine entonces el sentido de la creación: no pretende transformar el objeto del deseo (de estatua pétrea a mujer viva para responder al deseo carnal del poeta); sino que transforma al propio poeta en su devoción por el arte.

> Les poètes, devant mes grandes attitudes,
> Que j'ai l'air d'emprunter aux plus fiers monuments,
> Consumeront leurs jours en d'austères études;

Además de la imagen de la esfinge, la piedra asume la segunda apariencia metafórica: la piedra eterna tiene actitudes tan grandiosas que, *al poeta le parece*, toma prestada de los antiguos monumentos. A diferencia de Banville, que evoca el ideal parnasiano de la impasibilidad a través de la apariencia seductora de la estatua de Venus, el monumento de piedra de Baudelaire declara una presencia material que no es antropomórfica. Ella es una piedra, pero su presencia sugiere algún tipo de significado de monumentalidad en la historia humana que es superior a sí misma: este exceso, este encantador intercambio entre la imaginación poética y la simple existencia material de la Belleza inspira al poeta a realizar todo su austero estudio. Pero, ¿qué es lo que el poeta debería estudiar de este monumento? Tendría que estudiar la función de la obra de arte: hacer eterno lo transitorio y universal lo personal. En su "Essays upon Epitaphs", William Wordsworth explica bien el estilo que debe emplear la inscripción monumental:

> Ha de recordarse que levantar un Monumento es un acto sobrio y reflexivo; que la inscripción que lleva está destinada a ser permanente y de lectura universal; y que, por esta razón, los pensamientos y sentimientos expresados deben ser también permanentes—liberados de esa debilidad y angustia de la pena que es transitoria por naturaleza y que, con instintiva decencia, pasa desapercibida. Las pasiones deben ser dominadas, las emociones controladas; fuertes, ciertamente, pero nada ingobernable o totalmente involuntario.[30]

Una obra de arte debe tener las cualidades de la esfinge pétrea o del monumento, que el poeta dedica sus días a estudiar: eterna, universal, invulnerable y dueña de sí misma. Pero entonces, si el arte debe ser como una piedra y carecer de expresión emocional, si es más grande que lo humano y no permite la manipulación poética, ¿sobre qué debe trabajar el poeta?

---

[30] William Wordsworth, *The Complete Poetical Works of William Wordsworth* (Troutman & Hayes, 1854), 705.

La estrofa final reitera la necesidad del reconocimiento erróneo, donde la Belleza afirma su estatus trascendental, mientras que la conciencia poética productiva solo está implícita.

> Car j'ai, pour fasciner ces dociles amants,
> De purs miroirs qui font toutes choses plus belles:
> Mes yeux, mes larges yeux aux clartés éternelles!

El poeta anhela la Belleza, pero los ojos de la Belleza son como espejos que solo reflejan las imágenes que el poeta tiene de sí mismo y desvían su búsqueda del objeto de amor. Baudelaire parece repetir aquí el dictamen kantiano de que solo vemos la apariencia de las cosas producida por nuestra propia conciencia, y no la cosa en sí. Si el aire misterioso de la esfinge se le aparece al poeta como un enigma lingüístico, la respuesta a este enigma no capturará a la piedra, sino que será "el hombre" mismo quien la capture. Repitiendo el *dictum* kantiano, el poema está estructurado de tal manera que es la Belleza quien levanta los espejos con sus ojos mágicos— invirtiendo así la dinámica de poder entre el amante y la amada, y negando el orgullo idealista sobre la conciencia productiva del poeta. El hecho de que solo veamos las cosas como nuestros propios espejos no excluye la posibilidad de que esas cosas tengan sus propios ojos: es simplemente que no podemos ver a través de los ojos las almas de los Otros, y tomamos erróneamente los ojos como nuestros espejos. La piedra podría, en efecto, tener su interior, aunque para siempre sustraída a la comprensión humana.

Sin embargo, Baudelaire traduce esta alienación definitiva como una estructura de deseo perpetuo: es posible amar el Absoluto, o la piedra, a pesar de que sea siempre inaccesible y se oculte bajo nuestras proyecciones. El enigma de la esfinge invita a la devoción, pero nunca permite el logro. La práctica poética estará entonces siempre en búsqueda y nunca en reposo, como el enigma nunca será resuelto y la piedra nunca estará al alcance de la mano. Es decir, Baudelaire afirma que el deseo poético está predestinado a no contener el objeto amado. Como la obra de arte es la piedra, materia llana e incomprensible, lo bello es el sueño poético de la piedra, el proceso de persecución transformadora, que nunca alcanza la esfinge incomprendida. Aunque Baudelaire reconoce el poder de la conciencia productiva, ya que vemos que produce imágenes de la esfinge y del monumento, en exceso a la existencia esencial de la piedra, "La Beauté" como poema ya no concede a esta conciencia productiva el estatuto del Ideal. Más bien, lo bello se define como el deseo perpetuo y condenado del poeta de capturar la piedra, el deseo de acercarse a lo real.

Los críticos a veces interpretan que el narrador del poema, que pronuncia que "Je suis belle, ô mortels! Comme un rêve de pierre," es una mujer hermosa y no una piedra. Judith Ryan, por ejemplo, supone que la voz poética es "la cortesana Phryne posando para el escultor Praxiteles." Ryan plantea la hipótesis para responder a la pregunta de por qué la piedra tiene ojos humanos.

> Esta hipótesis explicaría los curiosos cambios entre estatua y ser humano, al tiempo que situaría las ambigüedades del poema en la situación de la modelo del escultor. Acostumbrada a permanecer inmóvil durante largas horas de posado en el estudio, se siente ajena a la vida ordinaria, más como una estatua que como una persona. Sin embargo, aunque las estatuas están diseñadas para eternizar su tan cacareada belleza, ella afirma que ella misma es superior a ellas, tanto porque es su inspiración como porque una parte de ella no puede petrificarse por mucho tiempo que pose: sus ojos claros y vivos, que realzan la belleza de todo lo que reflejan.[31]

Ryan lee el poema como una mujer que adopta la figura de una piedra, más que como una piedra capaz de hablar. Sin embargo, teniendo en cuenta que en el poema cualquier descripción carnal sobre la Belleza está curiosamente ausente, discrepo de la interpretación de Ryan. En la "Symphonie en blanc majeur," de Gautier, la mujer a la que se compara con una esfinge helada posee un vívido encanto carnal. Gautier nombra cada una de las partes de su cuerpo— sus senos, su hombro, su piel, su carne— aunque luego estas partes se comparen de forma bastante abstracta con todas las sustancias blancas. "À Vénus de Milo" de Théodore de Banville subraya igualmente el encanto sensual de la estatua de mármol y, a continuación, la fantasía poética de saborearla, en virtud de su poder de apóstrofe capaz de transformar la estatua pétrea en una amante viva. En ambos casos, las mujeres deseadas, ya sean vivas o pétreas, son símbolos del ideal poético en la imaginación antropomórfica de los poetas, de su ambición por conquistar la materia más difícil y convertirla en objeto poético. En "La Beauté," de Baudelaire, sin embargo, la Belleza no tiene rasgos físicos y toda la descripción que vemos es sobre esa actitud inaccesible que podemos esperar, con razón, de una verdadera piedra: su pecho no es "neige montée en globe" como vemos en la "Symphonie," de Gautier, más bien duele porque es figurativamente, quizás literalmente también, pétreo. Dos figuras principales de los poemas: una incomprensible estatua esfinge unida a la actitud de los antiguos monumentos, más bien presuponen la esencia de la voz

---

[31] Judith Ryan, "More Seductive Than Phryne: Baudelaire, Gérôme, Rilke, and the Problem of Autonomous Art," *PMLA* 108, no. 5 (1993): 1134.

poética como una piedra. A cambio, el amor del poeta hacia ella no es carnal sino metafísico, y está relacionado explícitamente con el tipo de amor que el poeta imbuye en una obra de arte: que este amor inspire al poeta a estar en una búsqueda perpetua de lo bello. Otra razón por la que me opongo a la lectura de Ryan es que es un intento de revertir la metáfora poética de la piedra al referente real de la mujer, del acertijo misterioso a la respuesta prosaica, y escapar del reino metafórico del poema para restaurar la importancia histórica del mito de Phryne (aunque Ryan tiene su propia agenda teórica que despliega a través del motivo de Phryne). Pero si podemos leer la piedra en el poema como piedra, entonces adquirimos una pieza intrigante que da cuerpo al *leitmotiv* parnasiano-decadentista: el poeta rechaza ahora la fórmula idealista de que la piedra debe ser tallada a su voluntad; más bien, reconoce que la piedra es inaccesible para siempre mientras él esté dispuesto a estar en una búsqueda perpetua de ella.

Si queremos dar peso filosófico a la Belleza pétrea de Baudelaire, podríamos recordar el vigor de Schopenhauer, cuya metafísica (y no solo su pesimismo) se convirtió en influyente en el *fin-de-siècle*. Schopenhauer arremete contra el Idealismo alemán por ignorar la búsqueda de la cosa-en-sí kantiana, inaccesible a la razón humana, y rechaza el Idealismo como un "egoísmo teórico, que considera fantasmas todas las apariencias fuera del individuo."[32] En su ensayo "Critica a la filosofía kantiana," Schopenhauer argumenta que "*el mayor mérito de Kant es distinguir entre la apariencia y la cosa en sí misma—* demostrando que el intelecto siempre se interpone entre nosotros y las cosas, razón por la cual no podemos tener conocimiento de las cosas tal como son en sí mismas."[33] Pero Schopenhauer critica al Idealismo alemán por equiparar la "certeza *a priori*" con el Absoluto,[34] que para Kant "no es objetivamente" y solo "subjetivamente necesario."[35] El Idealismo alemán equipara nuestra constitución intelectual con el Absoluto porque es el punto de certeza que organiza nuestra percepción, pero para Schopenhauer, esto es solo vano optimismo que no puede resolver el problema de la existencia del mundo real. Para Schopenhauer, ningún argumento del Idealismo alemán es convincente: y define a la certeza *a priori*— nuestro sentido del espacio, el tiempo y la causalidad que organiza nuestra percepción de las cosas— como "formas

---

[32] Arthur Schopenhauer, *The World as Will and Representation*, ed. Judith Norman, Alistair Welchman, y Christopher Janaway, vol. I (Cambridge: Cambridge University Press, 2010), 129.

[33] Arthur Schopenhauer, "Appendix: Critique of the Kantian Philosophy," en *The World as Will and Representation*, vol. Vol. I (Cambridge: Cambridge University Press, 2010), 444.

[34] Schopenhauer, "Critique of the Kantian Philosophy," 513.

[35] Schopenhauer, "Critique of the Kantian Philosophy," 514.

nebulosas que sueñan."[36] Frustrado con la enrevesada retórica del Idealismo alemán que eleva la finitud humana a la categoría de Absoluto, Schopenhauer propone tener un Absoluto diferente según los criterios de las Ideas de Platón: que el Absoluto debe ser inmutable e independiente de la percepción humana. Schopenhauer modela su Absoluto tras una sintetización de las Ideas de Platón y de la *cosa-en-sí* de Kant,[37] en ambas la esencia de la materia se distingue de la percepción humana. Pero en un pasaje peculiar, Schopenhauer abandona su terminología filosófica y se refiere a ello simplemente como "materia."

> Pero si a mis queridos señores les es absolutamente necesario tener un Absoluto, entonces les proporcionaré uno que satisfaga todos los requerimientos para tal cosa de una manera mucho mejor que las formas nebulosas que ellos sueñan: la materia. La materia es no creada e imperecedera, y es por tanto la verdaderamente independiente, la que es en sí misma y se capta a través de sí misma, y todo surge de su seno y todo vuelve a ella: ¿qué más se puede pedir en un Absoluto?[38]

Mientras que el Idealismo alemán eleva la subjetividad a la categoría de Absoluto porque la cosa-en-sí ya no nos es accesible, para Schopenhauer la cosa-en-sí merece ser llamada Absoluto porque es independiente de la percepción humana, *precisamente porque es inaccesible.* La forma en que Schopenhauer ha interpretado la lectura de Kant, en reacción al idealismo alemán, ayuda a articular la revolución radical de la ontología del arte en el pequeño soneto de Baudelaire "La Beauté": que el Absoluto es materia en sí misma fuera del alcance humano y—siguiendo el mito de Platón de que uno debe enamorarse para ver el mundo real más allá de la capacidad original de la percepción humana— Baudelaire define esta búsqueda del Absoluto como *lo bello.*

En su famoso ensayo "El Origen de la Obra de Arte," Heidegger nos propone que el arte nosofrece una forma de apreciar las piedras que componen el templo griego. El templo griego como obra de arte nos haría ver que "una roca presiona hacia abajo y manifiesta su pesadez. Pero mientras esta pesadez ejerce una presión opuesta sobre nosotros, nos niega toda posibilidad de penetrar en ella."[39] El arte es como un intento paradójico y complejo de acercamiento a la cosa, ya que debe dejar que la cosa sea la cosa en vez de utilizarla; debe permitirnos ver el ser de la cosa y, al mismo tiempo, reconocer

---

[36] Schopenhauer, "Critique of the Kantian Philosophy," 513.
[37] Schopenhauer, *The World as Will and Representation,* Vol. I, § 25., p. 152-155.
[38] Schopenhauer, "Critique of the Kantian Philosophy," 513.
[39] Martin Heidegger, "The Origin of the Work of Art," en *Poetry, Language, Thought,* trans. Albert Hofstadter, Perennial Classics (HarperCollins, 2001), 45.

que la cosa se mantiene retraída: "solo se muestra a sí misma cuando permanece no revelada e inexplicada".[40] Por el contrario, cualquier "objetivación técnico-científica"[41] de la piedra, como la de pesarla y representarla como un número, o romperla en pedazos, solo conseguiría agotar la cosa, sin revelar el ser de la misma. Pero ¿cómo se puede lograr esa exigencia auto-contradictoria de ver lo misterioso y, al mismo tiempo, dejarlo ser? El poema de Baudelaire nos recuerda que este logro poético solo puede alcanzarse cuando el poeta puede amar a la piedra de un modo correcto: solo cuando el poeta puede soportar el tiránico misterio de la piedra, abstenerse de poseerla y someterse a ella en su amor no correspondido. Leyendo los ridículos intentos de los predecesores parnasianos comprenderemos lo difícil que es el ascetismo de Baudelaire.

En la segunda mitad del siglo XIX, el orgullo idealista que celebra acríticamente la imaginación inmaterial ya no se sostiene. Baudelaire se enfrenta de nuevo al mayor predicamento metafísico después de Kant, el de la división subjeto-objeto. Pero la respuesta de Baudelaire a este dilema abre un camino completamente nuevo en cuanto a cómo podríamos abordar el dilema metafísico: que el poeta aborde—abrace y absorba—el enigma metafísico a través de la *transformación del yo*. Baudelaire trata de transgredir el abismo irreparable entre el sujeto y el objeto a través de *su amor no correspondido por la piedra. Baudelaire define esta búsqueda perpetua e inútil de la materia como lo bello.* El amor subjetivo no captura a la piedra, pero sin embargo es inspirador, creativo y transformador. El amor del poeta en el poema sigue una vaga estructura platónica. En *Symposium*, Sócrates sostiene que el Amor, hijo nacido de Poros (riqueza) y Penia (pobreza), es por definición un deseo que se dirige hacia la Otredad (203b) por cualidades de las que carece, como que el poeta mortal ama la materia eterna. En el *Fedro* (245c-267d), el poeta debe enamorarse para transformarse por completo—en la metáfora del recrecimiento de las alas de su alma—a fin de remontar el vuelo desde el reino de la apariencia sensual hasta el reino de la verdad absoluta,[42] o, si lo reformulamos en términos modernos, hasta el reino de la cosa-en-sí que para Kant es inaccesible a nuestra conciencia. Y si Baudelaire responde aquí al problema metafísico de la división sujeto-objeto a través del amor transformador del poeta, viola de plano la metafísica kantiana. Kant pretende otorgar certeza científica a la metafísica planteando nuestra constitución perceptiva como lo *a priori*, lo que en términos otorga necesidad a nuestro sentido de la causalidad[43]—y después de Kant, nuestra subjetividad es

---

[40] Heidegger, "the Origin of the Work of Art", 45.
[41] Heidegger, "the Origin of the Work of Art", 46.
[42] Plato, *The Dialogues of Plato.*
[43] Kant, *Kant's Prolegomena to Any Future Metaphysics*, 7–8.

considerada como algo dado universalmente. Pero Baudelaire abre de nuevo nuestra subjetividad como campo de transformación, e incluye la relación sujeto-objeto en el dominio de la creación. Mientras que Foucault sostiene que esta asociación entre conocimiento y autotransformación es el rasgo fundamental de la filosofía antigua, mi libro pretende demostrar que entre las décadas entre 1860 y 1930, en el arte francés y británico, se realizaron numerosos intentos artísticos de abordar el problema metafísico de la división sujeto-objeto a través de la transformación del yo. El amor de Baudelaire por la piedra inaccesible parece fútil, pero es productivo en el sentido estético, pues el poeta se inspirará para crear arte y, lo que es más importante, para crearse a sí mismo como un amante que tiene los ojos para ver las cosas más bellas de lo que son.

III. Espiritualidad del Dandismo, y de la Cosmética

En el poema "La Beauté", la Belleza reivindica que su existencia es trascendental y no debe ser alterada, mientras que el poeta, que no puede transformar su objeto de deseo, tendrá más bien que transformar su amor, cuya cualidad ya no es una expresión apasionada y espontánea, sino que emulará las cualidades de la materia, muda y eterna. El pétreo pecho de la Belleza "est fait pour inspirer au poète un amour / Éternel et muet ainsi que la matière." El dandismo de Baudelaire es una ilustración de este piadoso (y perverso) amante de la Belleza, que disciplina su propio comportamiento y subyuga sus emociones naturales para mantener una apariencia material impecable. En su dandismo, Baudelaire sigue ensalzando la independencia espiritual y la libertad del dandi, capaz de controlar su comportamiento corporal. Solo que, con un astuto giro retórico, Baudelaire argumenta que el dandi toma como campo de batalla el lugar del cuerpo material, en lugar del reino inmaterial del ensueño como hacían los románticos. La pasión interior no debe expresarse, sino subyugarse bajo la superficie material. El arte, por tanto, se vuelve material, artificial, sensual y superficial. En esta sección, analizaré la teoría de la artificialidad de Baudelaire a través de sus escritos sobre el dandismo y la cosmética, en uno de sus ensayos más famosos, "Le peintre de la vie modern."

La discusión de Baudelaire sobre la moda en su ensayo "El Pintor" —"l'homme finit par ressembler à ce qu'il voudrait être" (Oeuvre III 53)— tiene un origen idealista que afirma el orgullo artístico de revisar y espiritualizar las cosas materiales. Sin embargo, bajo este *dictum*, Baudelaire reelabora drásticamente la definición idealista de la espiritualidad y, por tanto, la ontología del arte. Como punto de comparación, Hegel señala que el ego es ontológicamente un Concepto o una Idea, cuyo fin supremo es llegar a ser consciente de su unidad. Desprecia a los organismos cuya Idea interior permanece en el interior, ya que la Idea para los sentidos permanecería "indeterminada y abstracta" (130). Una vez que el ego se vuelve autoconsciente, tiene que manifestarse hacia fuera. Esto Hegel lo define como "lo bello" cuando el organismo es capaz de "desplegar para sentir el Concepto concreto y la Idea" (129), cuando la realidad física del ego autoconsciente se transforma y se idealiza (132). La vida es, en consecuencia "un continuo proceso inherente de idealización" para adquirir una unidad explícita entre lo interior y lo exterior (122). Baudelaire adopta una retórica similar según la cual el artista debe reelaborar la apariencia como manifestación de su ideal.

> L'idée que l'homme se fait du beau s'imprime dans tout son ajustement, chiffonne ou raidit son habit, arrondit ou aligne son geste, et même pénètre subtilement, à la longue, les traits de son visage. (Œuvre III, 53)

Pero aquí lo que Baudelaire designa como "l'idée" de la belleza es en realidad la moda, "la morale et l'esthétique du temps," más que la individualidad del hombre. El dandi desea una originalidad "contenu dans les limites extérieures des convenances" (93), al igual que Monsieur Guys hace siempre del dandi su "caractère historique" (96). En un astuto giro del Idealismo de Hegel, como veremos, el dandi que toma la elegancia como única profesión, no se moldea a sí mismo desde dentro, sino que asimila el modo de su tiempo para moldearse hasta el interior. La apariencia del dandi no es ideal, sino una apariencia material disociada del yo interior.

La sección sobre el dandismo (IX) del ensayo "El Pintor" se escenifica muy astutamente con la secuencia precedente sobre el militar, cuya condición espiritual se manifiesta por su perpetua actitud de despreocupación, siempre dispuesto a enfrentarse a la muerte. Ya Baudelaire señala aquí que a Monsieur Guys le encanta dibujar retratos de soldados no solo por sus cualidades interiores, sino más a menudo por los vistosos accesorios de su profesión, de "la coquetterie militaire" (88), pues hay un sentido moral innato en esos trajes deslumbrantes ("le sens moral de ces costumes étincelants") (ibid.). Sin embargo, el dandi, a diferencia del valiente soldado, es rico y ocioso y no lucha en ninguna guerra, pero mantiene la misma apariencia displicente y hace del mantenimiento de esta apariencia artificial, siempre elegante, su más rigurosa búsqueda. Si un dandi sufre, puede sonreír aún como el niño espartano mordido por un zorro en el pecho. El aseo impecable y la elegancia nunca relajada del dandi son para él una cuestión de doctrina religiosa, la más tiránica de su clase, ya que exige pasión y energía excesivas, así como autodisciplina, para someterse al soberano del régimen de estilo más puntilloso, de hecho, trivial. Baudelaire potencia la vocación del dandi con grandilocuencia:

> Que le lecteur ne se scandalise pas de cette gravité dans le frivole, et qu'il se souvienne qu'il y a une grandeur dans toutes les folies, une force dans tous les excès. Étrange spiritualisme ! Pour ceux qui en sont à la fois les prêtres et les victimes, toutes les conditions matérielles compliquées auxquelles ils se

soumettent, depuis la toilette irréprochable à toute heure du jour et de la nuit jusqu'aux tours les plus périlleux du sport, ne sont qu'une gymnastique propre à fortifier la volonté et à discipliner l'âme. (94)

El dandi es a la vez el sacerdote y la víctima— el yo se divide en voluntad subjetiva y cuerpo objetivo. El *propio* cuerpo del dandi se convierte en objeto de disciplina que la voluntad trata de someter por completo bajo su control, hasta el más mínimo detalle— para refinarlo, definirlo, convertirlo en una obra de arte como un escultor incide cuidadosamente en la piedra. Baudelaire define al dandismo como un extraño tipo de espiritualidad, y el uso que hace de la espiritualidad concuerda perfectamente con la estética del yo de Foucault. "Une force dans tous les excès" se convierte para Baudelaire en la justificación del nuevo concepto de arte: dado que la búsqueda se considera tradicionalmente insensata y frívola, y puesto que la superficie material es para el espíritu siempre distante y rebelde, solo el artista con la pasión más fuerte podría ser capaz de realizar esta búsqueda. Mientras que para Hegel la consumación máxima del arte romántico se alcanza cuando el espíritu y la materia se unifican, para Baudelaire una incongruente desunión o una distancia alienante entre el corazón feroz y turbulento del poeta y su apariencia impasible está cargada del significado espiritual de la autodisciplina y la búsqueda perpetua. Como pronuncia la Belleza en el poema "La Beauté", el poeta se inspira a sí mismo un amor tan mudo y tan eterno como la materia misma, pero este amor, por fuerte que sea, está bien oculto bajo la apariencia pétrea del poeta.

> Le caractère de beauté du dandy consiste surtout dans l'air froid qui vient de l'inébranlable résolution de ne pas être ému ; on dirait un feu latent qui se fait deviner, qui pourrait mais qui ne veut pas rayonner. (96)

La *espiritualidad* de Baudelaire se define en contraposición al ego de Hegel: mientras que este último es un hecho natural, el temperamento único que, tal y como Baudelaire describe en su elogio de Delacroix, el primero es cultivado y fabricado artificialmente, enteramente querido por el artista. Mientras que Hegel define la subjetividad como la capacidad del ego para alterar su apariencia externa, Baudelaire define la subjetividad como la sumisión del ego al reino de la elegante superficie material. Esta definición de la espiritualidad, o de la creación, establece su fundamento no en una expresión del yo interior dado, sino en el cuerpo material que está a disposición del artista. El arte de Delacroix nos muestra un estado de ánimo interior; el dandi de Baudelaire hace desfilar el artificio exterior disociado del yo interior.

La definición de Baudelaire del dandismo como máscara material es, en efecto, peculiar, si la comparamos con el análisis de Jules Barbey d'Aurevilly en

Du dandysme et de George Brummell (1845),[44] cuya retórica, aunque tan perversa como marcaría la de un primer decadente, no deja de ser idealista. La herencia idealista de D'Aurevilly le lleva a elevar el temperamento dado del dandi o su naturaleza por encima de la apariencia material. D'Aurevilly nos cuenta que cuando Brummell empezó a interesarse por su forma de vestir, su propósito era impresionar a la gente: "il n'ignorait pas que le costume a une influence latente mais positive sur les hommes qui le dédaignent le plus du haut de la majesté de leur esprit immortel" (48). Pero más tarde, a medida que Brummell madura en su profesión, sigue una dialéctica hegeliana similar, y conceptualiza su atuendo material solo como un medio para expresar su espíritu interior—y la cumbre del arte se alcanza cuando su atuendo se encuentra con su naturaleza.

> Il resta mis d'une façon irréprochable ; mais il éteignit les couleurs de ses vêtements, en simplifia la coupe et les porta sans y penser. Il arriva ainsi au comble de l'art qui donne la main au naturel. (48-49)

El dandi de D'Aurevilly no siente piedad baudelariana por su apariencia material, pues la belleza de Brummell es menos física que intelectual, se origina en el interior más que en el exterior.

> Son air de tête était plus beau que son visage, et sa contenance – physionomie du corps – l'emportait jusque sur la perfection de ses formes. (49)

Aunque el dandi de d'Aurevilly ya porta la actitud indiferente y de esfinge, esta actitud se origina en su orgullo interior, más que derivarse de su apariencia material, con la que Baudelaire pretende emular a la piedra.

> Quelquefois, ces yeux sagaces savaient se glacer d'indifférence sans mépris, comme il convient à un dandy consommé, à un homme qui porte en lui quelque chose de supérieur au monde visible. (49)

D'Aurevilly transgrede el sistema moral al tratar con seriedad a un dandi vanidoso, lo que le basta para ganarse la fama de decadente, pero el dandismo de Baudelaire revisa la estética romántica y la metafísica idealista al disociar la belleza material del yo interior.

Que Baudelaire defienda la superioridad de la superficialidad material sobre la espontaneidad emocional parece herir la sensibilidad de sus lectores, y en la

---

[44] Jules Barbey d'Aurevilly, *Du dandysme et de Georges Brummell* (Lemerre, 1879).

siguiente sección, Baudelaire se enfrenta abiertamente a su malestar. En la sección titulada "Éloge du maquillage" (XI), Baudelaire, en su retórica provocadora, critica la ética popular en el siglo XVIII, para facilitar aún más su estética de la artificialidad: "La nature fut prise dans ce temps-là comme base, source et type de tout bien et de tout beau possibles" (100). El culto a la Naturaleza en el siglo XVIII, en sentido amplio, incluye a todos los filósofos y artistas que consideraban que la expresión sincera del yo interior es la base del edificio moral y, por tanto, tiene un significado estético: La naturaleza de Rousseau que guía la conciencia interior, el espíritu de Hegel y la pasión de Delacroix en los Salones y Otros Escritos sobre Arte de Baudelaire. Desde Rousseau, este yo interior se asocia más a menudo con lo dado, el sentimiento del corazón y la espontaneidad emocional. Pero Baudelaire afirma con rotundidad que la naturaleza no es más que nuestros impulsos animales, no la voz interior de la conciencia, sino "la voix de notre intérêt" (100). Todo lo que es bueno y noble debe ser más bien, afirma Baudelaire, el resultado de la razón y del cálculo, "artificielle, surnaturelle" (100). No es necesario tomar en serio la injustificada presunción ética de Baudelaire; lo que es digno de mención es más bien que Baudelaire asocia la autodisciplina con la metáfora de la superficie material que cubre el cuerpo natural. Baudelaire sostiene que lo que Rousseau denomina nobles salvajes en realidad aspiran a "la haute spiritualité de la toilette" (101).

> Le sauvage et le baby témoignent, par leur aspiration naïve vers le brillant, vers les plumages bariolés, les étoffes chatoyantes, vers la majesté superlative des formes artificielles, de leur dégoût pour le réel, et prouvent ainsi, à leur insu, l'immatérialité de leur âme. (101)

Como el alma es inmaterial, Baudelaire asigna a la superficie material la agencia de disciplinar nuestra expresión espontánea y de representar nuestro edificio moral. Al negar el valor ético del yo interior y de lo natural, Baudelaire traslada el peso ontológico de la espiritualidad y la imaginación a la superficie material visible. Mientras que en "La Beauté" el poeta piadoso no tiene derecho a tallar la piedra, aquí, el poeta más bien da forma a su alma con una apariencia material disciplinaria.

Con su espíritu perverso, Baudelaire señala que el proyecto decadente es aquel en el que la artista afirma su agencia reformando constantemente la naturaleza. Las mujeres, por tanto, no deben ocultar que usan cosméticos. Más bien, deben utilizar delineadores negros y colorete rojo para hacer alarde de la superficie material, para crearse una apariencia "magique et surnaturelle" (102).

> La mode doit donc être considérée comme un symptôme du goût de l'idéal surnageant dans le cerveau humain au-dessus de tout ce que la

vie naturelle y accumule de grossier, de terrestre et d'immonde, comme une déformation sublime de la nature, ou plutôt comme un essai permanent et successif de réformation de la nature. (101)

Contrariamente a la fórmula del arte romántico de Hegel, esta es la definición misma de artificialidad de Baudelaire: que la sola apariencia sensual, en lugar de la Idea, es ahora portadora de la agencia artística para revisar la naturaleza. A diferencia de Hegel, que define lo bello como la Idea mostrada a través de la materia sensual, Baudelaire vuelve aquí el arte del revés. Es decir, el arte no es ontológicamente la Idea, sino la superficie material que revisa la naturaleza dada.

Son muchos los críticos que señalan que el Decadentismo como movimiento artístico es una sofisticada continuación más que una ruptura decisiva con el Romanticismo. Los pioneros del dandismo, Lord Byron y Beau Brummel, defienden la glorificación romántica del individuo y el deseo de expresión original. Pero Baudelaire tuerce el individualismo romántico y hace que la inescrutable presentación material del dandi sea más importante que su expresión espontánea. La teorización del dandismo por Baudelaire es un símbolo del Decadentismo, una toma de conciencia de que este énfasis en la artificialidad es ahora el que mejor expresa el espíritu de la época, frente a la expresión ingenua de Delacroix que personifica la década pasada.

Le dandysme est le dernier éclat d'héroïsme dans les décadences…Le dandysme est un soleil couchant ; comme l'astre qui décline, il est superbe, sans chaleur et plein de mélancolie. (95)

El dandismo de Baudelaire, su elevación de la apariencia material, constituye uno de los motivos más importantes del Decadentismo, el de la artificialidad. El dandismo es un tipo perverso de estética del yo, pero entonces, al someter su espontaneidad emocional a la disciplina de la superficie material, Baudelaire crea—de hecho, vive—una relación de lo más innovadora entre espiritualidad y materialidad.

IV. El Estilo de las Cosas Orgánicas

A diferencia de sus predecesores idealistas que celebran la imaginación autónoma, el poema de Baudelaire "La Beauté", así como su escrito sobre el dandismo y la cosmética en el ensayo "El pintor", esbozan el fundamento metafísico de este culto a la superficie material incomprensible disociada del yo interior. En la presente sección completaré algunos detalles concretos sobre el efecto estético de esta nueva Belleza Decadente. Como se articula en el poema de Baudelaire "Avec ses vêtements ondoyants et nacrés", en la Salomé de Gustave Moreau y en la "Hérodiade" de Mallarmé, la Belleza que adorna la apariencia inorgánica se siente inmune a la vulnerabilidad emocional, exenta de la presión social para comunicarse y, por tanto, más grande que la vida. En la era del fin de siglo, esta insensibilidad de la materialidad sustituye al espíritu del Romanticismo y se convierte en una metáfora de la trascendencia, ajena y absoluta.

Mientras que el interés de Baudelaire por lo inorgánico es especialmente estudiado por Benjamín,[45] fundamentalmente en el contexto de la modernidad y la fantasmagoría de la moda y la materia prima, en esta ocasión comenzaré con el poema de Baudelaire "Avec ses vêtements ondoyants et nacrés," donde el poeta se encuentra con lo inorgánico en un espacio que tradicionalmente pertenece a la estética de los poetas Petrarquistas o Románticos, en una estancia privada que pone de relieve la individualidad y la intimidad, en contraste con el mundo social exterior. En la descripción poética, Baudelaire transforma a la mujer en una esfinge incomprensible con ojos metálicos en un reino imaginario fuera del contexto social— y lo que le seduce son precisamente las cualidades inorgánicas de los diamantes, el oro y el acero— ya que se niegan a hablar o a simbolizar, y pueden estar simplemente ahí en sí mismos. El poema es idealista en esencia, ya que el poeta ostenta su natural derecho a dar forma a ese objeto de deseo en su imaginación, y en este aspecto, es mucho menos radical que "La Beauté." Aun así, el poema puede leerse como un complemento de "La Beauté" pues nos proporciona una imagen más concreta de cómo es la Belleza—no es una mera afirmación metafísica, sino que, más bien, nos justifica el efecto seductor y sensual de una cosa considerada inhumana. La ininteligibilidad de la materialidad transgrede las convenciones de la poesía cortesana, no solo porque el poeta no se enfrenta aquí a una amada humana, sino a una cosa, una esfinge pétrea, sino también porque la descripción íntima de la esfinge inorgánica se refiere a su propia insensibilidad. Esta es la otra mitad del arte de Baudelaire, el Ideal eterno en oposición a una fantasmagoría de impresiones.

Mientras que, en la primera estrofa, Baudelaire parece describir el encanto personal de la mujer— que, gracias a sus sedas vaporosas, nos puede parecer que baila mientras camina—, en la segunda estrofa, ese movimiento se asemeja a una naturaleza vasta e insensible que, sin embargo, se eleva y desciende. Las vestimentas ondulan como la arena monótona y el despejado cielo del desierto, o bien se revuelcan como las alargadas telarañas de las olas del mar. La mujer se desenvuelve con total indiferencia, del mismo modo que la naturaleza es insensible.

---

[45] Walter Benjamin, *The Writer of Modern Life: Essays on Charles Baudelaire* (Harvard University Press, 2006), 86.

> Comme le sable morne et l'azur des déserts,
> Insensibles tous deux à l'humaine souffrance,
> Comme les longs réseaux de la houle des mers,
> Elle se développe avec indifférence.[46]

La naturaleza despoblada existe para sí misma; la amada está ahora sublimada más allá de la relación humana, ya que deja de complacer y de recibir. Si para Hegel lo absoluto se define como la sublimación y espiritualización por parte del artista del objeto, por lo demás inerte y sin sentido, la transformación que hace Baudelaire de la mujer complaciente funciona precisamente al revés. Baudelaire define la trascendencia con las propias cualidades materiales de la naturaleza: la mujer existe por sí misma como la naturaleza, pues es indiferente o, mejor, insensible. Es cierto que la mujer puede parecer distante para satisfacer el gusto peculiar del poeta, o puede ser, al fin y al cabo, el poeta quien está definiendo a la mujer en términos de lo inorgánico. Pero estos esfuerzos entre bastidores de cómo el actor humano emula el artificio son historias relativas al proceso de creación; lo que se nos presenta es la transformación exitosa que delinea el Ideal. Es el peculiar Ideal de Baudelaire lo que más me interesa discutir en esta obra.

> Ses yeux polis sont faits de minéraux charmants,
> Et dans cette nature étrange et symbolique
> Où l'ange inviolé se mêle au sphinx antique,

Si lo inorgánico es insensible, el poeta humano no lo es. Para el poeta, los ojos de minerales preciosos son fascinantes, a la vez que extraños, por estar hechos de algo simplemente no humano; aunque también simbólicos, ya que la mente solo entiende la materia en función de su significado. Pero si los ojos le parecen sugestivamente simbólicos, no puede descifrar con precisión lo que significan. Los ojos brillan mejor para el poeta con una perpetua luz de enigma. Los ojos minerales están pulidos, ya sea por manos humanas o por fuerzas naturales— han sido trabajados, sometidos a un riguroso proceso de transformación, y ahora cumplen el culto de Baudelaire a la artificialidad, puesto que la piedra ya no es un dato en bruto. Este encuentro entre la proyección humana y lo inorgánico en la metáfora de Baudelaire asume la imagen de un ángulo inviolable unido a una esfinge antigua—esta extraña criatura no se presta a la comprensión porque no se somete a la asimilación de los signos. Encanta al poeta precisamente porque es totalmente autosuficiente—existe para sí misma y representa el ideal de lo absoluto.

---

[46] Baudelaire, *Les Fleurs du mal* (1861), No. 27.

En la última estrofa, el poeta termina de transformar el objeto del deseo. Si los ojos de la mujer parecen medio simbólicos, el poeta afirma ahora que todo no es más que oro, acero, luz y diamantes. Lo que era una mezcla entre lo humano y la materia se revela ahora como diversos materiales, pero todos inorgánicos, además de una luz resplandeciente que no refleja el corazón, sino la superficie metalizada.

> Où tout n'est qu'or, acier, lumière et diamants,
> Resplendit à jamais, comme un astre inutile,
> La froide majesté de la femme stérile.

La mujer ideal de Baudelaire es aquella que se sustrae a las relaciones humanas y asume las cualidades de lo inorgánico, pero la mujer también podría interpretarse como un medio metafórico que permite al poeta apreciar las cualidades de la cosa-en-sí-misma más allá de la individualidad, más allá del espacio (al expandirse como las olas del mar), y del tiempo (al brillar externamente como la estrella). La mujer es estéril—no puede ser alcanzada por el hombre y no se puede reproducir ni nutrir, como una estrella que no sirve para nada. La estrella infructuosa solo está ahí para fines estéticos y ser apreciada desinteresadamente.

Esta mujer estéril de gélida majestuosidad, envuelta en deslumbrantes piedras preciosas, constituye la figura icónica del *fin-de-siècle*, más significativamente el prestigioso puesto de Salomé creado por el pintor Gustave Moreau. Como documenta Pierre-Louis Mathieu, Moreau "alimentaba una exagerada admiración por Baudelaire" y su biblioteca conserva los cuatro volúmenes de *Las Obras completas de Charles Baudelaire*, el primero de los cuales, *Les Fleurs du mal*, está dedicado por la madre del pintor a su hijo.[47] Y como señala Émile Zola, Moreau

> ha desdeñado la fiebre romántica, los efectos fáciles de los colores, los excesos de un pincel que busca la inspiración mientras cubre el lienzo con contrastes de sombras y luces que escuecen los ojos. ¡No! Gustave Moreau practica el simbolismo. Pinta cuadros que a menudo permanecen enigmáticos, busca formas arcaicas y primitivas, toma como ejemplo a Mantegna y concede una enorme importancia a los accesorios más pequeños de un cuadro... Pinta ensueños... ensueños

---

[47] Pierre-Louis Mathieu, *Gustave Moreau: The Assembler of Dreams*, 1826-1898. trans. Charles Penwarden, ACR Edition ed. (Courbevoie: Poche Couleur, 2010), 11.

sutiles, complicados y enigmáticos cuyo significado no podemos desentrañar inmediatamente.[48]

Los cuadros de Moreau, en los que predomina un aura enigmática la esfera única junto con su notorio preciosismo, alimentan la imaginación decadentista sobre la esfinge enjoyada. Muchos de ellos, además de los casos más célebres de Huysmans y Jean Lorrain, transcriben los cuadros de Moreau en écfrasis, en verso o en prosa. Según consta en su correspondencia, Moreau también recibe la ardiente admiración de Gautier, de Banville, de Montesquiou, Laforgue, Joyce, and Yeats.[49]

Ary Renan, amigo íntimo de Moreau, también pintor simbolista y, como veremos, crítico versado en la estética contemporánea y dotado de una incisiva fuerza analítica, destaca en su libro *Gustave Moreau* (1900)[50] dos principios rectores de la creación de Moreau, paradójicos, pero estrechamente relacionados: "le *Principe de la belle Inertie et le Principe de la Richesse necessaire*" (36). Renan cita la fórmula de artificialidad de Baudelaire, según la cual la pasión es demasiado natural y vulgar para que se le permita entrar en el reino superior de la Belleza (39). En palabras del propio Baudelaire:

Car la passion est naturelle, trop naturelle pour ne pas introduire un ton blessant, discordant, dans le domaine de la beauté pure, trop familière et trop violente pour ne pas scandaliser les purs désirs, les gracieuses mélancolies et les nobles désespoirs qui habitent les régions surnaturelles de la poésie.[51]

Renan constata que esta regla puede aplicarse perfectamente a Moreau, ya que no pintaría ni la acción, ni el carácter, ni mucho menos los sentimientos que resultan de forma inmediata convincentes para el público: "volontairement, ce maître s'est interdit de rechercher l'action, le chractère, la verité immediate des sentiments" (36). Como señala Renan, en las pinturas de Moreau, es la superficie material, rica e inmóvil, la que sustituye a los elementos de las emociones y las acciones.

---

[48] Qtd. In Mathieu, *Gustave Moreau*, 98.
[49] Mathieu, *Gustave Moreau*, 241-44.
[50] Ary Renan, *Gustave Moreau: 1826-1898* (Paris: Gazette des Beaux-Arts, 1900; repr., PDF e-book). Énfasis y mayúsculas originales. Aunque el libro está actualmente agotado, puede descargarse fácilmente en Google Books o en el sitio web de *Bibliothèque nationale de France*.
[51] Charles Baudelaire, "Notes nouvelles sur Edgar Poe," en *Nouvelles histoires extraordinaires* (A. Quantin, 1884), xvii.

Pour remplacer ces éléments d'émotion, ces agents d'illusion consacrés, il a fait résider le prix de ses œuvres dans leur perfection intrinsèque, dans leur extrême richesse matérielle, dans l'accompagnement, pour ainsi dire, que les artifices matériels du pinceau peuvent apporter au thème le plus vulgarisé. (36)

Moreau sitúa más bien el valor de sus obras en la perfección intrincada, en su riqueza sensual, en su composición; en definitiva, en los artificios materiales. Con ellos, Moreau pretende conseguir el efecto estético de una bella por inercia.

El comentario de Renan sobre la pintura de Moreau merece ser citado en extenso, porque aún no ha sido traducido al inglés y rara vez ha sido discutido en su totalidad por la crítica, y porque es, en mi opinión, uno de los relatos más articulados sobre el poder de la pura apariencia material, frente al culto romántico de las emociones intensas. Renan insiste en que Moreau no pinta ni la emoción, ni la acción, ni siquiera el gesto preciso. Moreau rechaza cualquier sentimiento humano; solo pinta ciertos estados de una Belleza pétrea, siempre congelada y suspendida.

Il choisit un instant décisif au point de vue moral et non pas un instant pathétique au point de vue scénique. L'amour et la haine lui échappent ou, pour mieux dire, il les écarte et retourne à sa méditation sereine.

Voici donc un peintre qui rejette non seulement l'agitation, mais l'action, non seulement la mimique violent, mais le geste précis. Il en a peur comme d'une trivialité; la traduction des sentiments humains par les mouvements des membres, par les flexions du corps, par les expressions du visage, lue paraît une étude inférieure. Il peint non des actes, mais des états, non des personnages en scène, mais des figures de Beauté. (39-40)

Moreau no pinta drama, sino disposición, no amor u odio, sino serena meditación. No pinta personajes pasajeros y patéticos en el escenario, sino figuras perpetuas de la Belleza. Para Moreau, la actitud quieta, dueña de sí, introvertida, sugiere una cierta superioridad que solo pertenece al artificio material, y no a la vida espontánea. Esta Belleza pétrea ni llora ni ríe. Las figuras de Moreau no son individuos con caracteres peculiares; más bien, Renan señala que debemos considerar las figuras inerciales de Moreau como nobles arquetipos.

Mais, à l'inertie des figures de Gustave Moreau ne trouve-t-on pas de nobles archétypes? Ils se présentent d'eux-mèmes au regard, et nous n'insisterons pas sur leur profond caractère.

Le demi-geste rituel, l'attitude suppléant à l'action triomphent. (40)

En los cuadros de Moreau, las actitudes casi rituales de las figuras sustituyen a las acciones triunfales. Estas figuras son atractivas a los ojos, pero no se comunican con nuestro corazón, y Renan advierte que no debemos tratar de inferir de sus figuras ningún carácter profundo.

Según relata Renan, el propio Moreau comenta en *Profetas y Sibilas* de Miguel Ángel, como las figuras existen en la obra de arte y no en el mundo humano, solo deberían mostrarnos un tipo de expresión—que están absortas en un monótono ensueño. Las figuras de la Belleza no deberían tener deseos, emociones ni pensamientos—por la sencilla razón de que son inhumanas.

> Toutes ces figures, nous disait-il, semblent être figées dans un geste de somnambulisme idéal ; elles sont inconscientes du mouvement qu'elles exécutent, absorbées dans la rêverie au point de paraître emportées vers d'autres mondes. C'est ce seul sentiment de rêverie profonde qui les sauve de la monotonie. Quels actes accomplissent-elles? Que pensent-elles? Où vont-elles? Sous l'empire de quelles passions sont-elles? On ne se repose pas, on n'agit pas, on ne médite pas, on ne marche pas, on ne pleure pas, on ne pense pas de cette façon sur notre planète... (42)

¿Qué es "un geste de somnambulisme ideal"? En efecto, el sonambulismo se convierte en una expresión ideal en la filosofía y el arte del fin de siglo. Schopenhauer especula con dos vías para escapar a la razón kantiana y estar en contacto con la esencia de las cosas, una fuerza monista que él llama "la voluntad": a través del genio artístico (especialmente el de la música, ya que esta no es representacional, sino que expresa directamente el poder material), y a través del sonambulismo magnético: "el compositor revela la esencia más íntima del mundo y expresa la sabiduría más profunda en un lenguaje que su razón no comprende, del mismo modo que el sonámbulo magnético explica cosas de las que no tiene ni idea cuando está despierto."[52] De este modo, el sonambulismo fascina la imaginación finisecular con una vaga impresión de significado metafísico. En junio de 1881, un médico experto y elocuente, M. Regnard, pronunció dos conferencias en la *Association Scientifique de France*, ante una multitud de dos mil personas. Sus conferencias atestiguan cómo la anomalía fisiológica adquiere un significado cultural en el *fin-de-siècle*.

---

[52] Arthur Schopenhauer, *The World as Will and Representation, Vol. I*, trans. Judith Norman, Alistair Welchman, y Christopher Janaway, vol. 1, 2 vols. (Cambridge: Cambridge University Press, 2010).

Regnard se refiere al sonambulismo como "esta célebre enfermedad"[53] y asume que la audiencia "probablemente preguntará si esta terrible enfermedad, de la que tanto se habla en la actualidad, es nueva—si es una producción de este 'siglo crispado', si puedo expresarme así, o si es de fecha antigua."[54] El sonambulismo artificial provocado por el médico se define entonces como "se produce el sueño, el verdadero sueño acompañado de la pérdida total de la sensibilidad."[55]

Como señala acertadamente Henri Dorra, el sonambulismo también se impone en la pintura prerrafaelista y simbolista, incluida la de Burne-Jones, Gauguin, Puvis de Chavannes, D.G. Rossetti y las esculturas de Rodin.[56] Las figuras de Moreau, entre las que destaca la más famosa, Salomé, suelen estar sonámbulas y con una compostura pétrea. Los críticos, en sus esfuerzos por contextualizar a Moreau como figura de transición del Romanticismo al Simbolismo, comparan a menudo el sonambulismo de Moreau con las actitudes de trance de la *Ofelia* de J. E. Millais (1852) o la *Beata Beatrix* de D. G. Rossetti (1863) y argumentan que Moreau también pretende representar una actitud contemplativa que revela una profundidad psicológica, como si sus figuras estuvieran absortas en sus propios sentimientos intensos.[57] Pero espero llamar la atención sobre el hecho de que—en comparación con la Beatrice de Rossetti, que es humanamente vulnerable—la Salomé de Moreau, que sostiene el loto, es extrañamente escultural, una actitud que solo una esfinge pétrea puede adoptar. Moreau asocia la trascendencia con el artificio, ya que el otro mundo al que se transportan las figuras pintadas no es el de las emociones interiores, sino el de los ensueños esculpidos en mármol y piedra.

El principio de La Belleza por inercia confiere a las figuras de Moreau "un único sentimiento de profundo ensueño" que es a la vez enigmático, sugerente e intrigante, pero Renan observa sorprendentemente que esto no es más que *un efecto* de la deslumbrante superficie material de Moreau, bajo la cual el yo interior de las figuras pintadas se retira para siempre. Como observa Renan, Moreau concibe que un cuadro debe estar realzado por toda clase de ornamentos que sugieran un significado inefable, aunque tal significado no sea más que una ilusión de la vista deslumbrada: "il pensait qu'un tableau doit être rehaussé de tous les ornements auxquels on peut rattacher une signification, paré de toutes les beautés qui tombent sous le sens de la vue" (42-43). Esta

---

[53] M. Regnard y Clara Lanza, "Sleep and Somnambulism. I," *Science* 2, no. 49 (1881), 260.

[54] M. Regnard, "Sleep and Somnambulism. II," *Science* 2, no. 50, 272.

[55] M. Regnard, "Sleep and Somnambulism. II," 272.

[56] Henri Dorra, *Symbolist Art Theories: A Critical Anthology* (University of California Press, 1994), 23.

[57] Jean Paladilhe and José Pierre, *Gustave Moreau* (New York: Praeger Publishers, 1972), 83.

trascendencia sugestiva, indefinida, que se genera a partir de la superficie decorativa más pura es, recordémoslo, precisamente el argumento que Baudelaire plantea en el poema "Avec ses vêtements": tras resaltar que su esfinge tiene unos ojos enigmáticos y con un significado simbólico, nos descubre de inmediato que, en realidad, todo lo que hay ahí es un conjunto resplandeciente de oro, acero y destellos de brillantes y diamantes. Lo que resulta por tanto extraño, y también simbólico, no es sino el poder sensual del metal y de las piedras preciosas, terriblemente incomunicable e incomprensible. Moreau desarrolla en profundidad, tal y como relata Renan, su teoría de que la materialidad genera en sí misma una significación indefinible— pero en la práctica no consigue plasmar del todo esta introspección, excepto al constatar que los maestros renacentistas adoptan estos cánones decorativos para ennoblecer a sus sujetos enmarcados y despertar en el espectador un sentimiento religioso. Los maestros del Renacimiento, argumenta Moreau, emplean la misma técnica para "ennoblir le sujet que de l'encadrer dans une profusion de formules décoratives," y para corroborarlo basta con mirar a la Virgen María porque su sublime santidad es consecuencia de sus ornamentos, la corona, las joyas, los bordados del borde de su manto y el acabado de los ribetes y, como no, ese trono tallado y labrado a cincel (43). En los cuadros de Moreau, la riqueza de la superficie material— artificial, inhumana y superior a la naturaleza orgánica— sustituye ahora al yo interior inmaterial de Hegel para reivindicar el poder trascendental de la imaginación. Tal y como relata Renan, Moreau exclama que esa decoración arabesca, si nos parece seductora, es simplemente porque nos remite a "un univers dépassant le reel." Las pinturas son "de fenêtres ouvertes sur des mondes artificiels qui semblent taillés dans le marbre et l'or et sur des espaces *nnécessairement* chimériques!" (43, énfasis en el original).

Para Moreau, la imaginación ha dejado de ser interior e inmaterial para convertirse en un mundo artificial tallado en metal y piedra. Esta visión del arte ya la propone Baudelaire en su poema "Rêve parisien,"[58] donde el pintor pinta un sueño de pesada e inorgánica materialidad, que es una evasión de la sórdida vida del pintor en la ciudad.

> Et, peintre fier de mon génie,
> Je savourais dans mon tableau
> L'enivrante monotonie
> Du métal, du marbre et de l'eau.
>
> Babel d'escaliers et d'arcades,
> C'était un palais infini,

---

[58] Baudelaire, *Les Fleurs du mal* (Poulet-Malassis et De Broise, 1861), No. 102.

Plein de bassins et de cascades
Tombant dans l'or mat ou bruni ;

Et des cataractes pesantes,
Comme des rideaux de cristal,
Se suspendaient, éblouissantes,
À des murailles de métal.

El poema describe una visión imaginativa en la que la vegetación irregular ("le
végétal irrégulier") queda desterrada, y el poeta canta a la embriagadora
monotonía. No hay árboles, sino hileras de columnas de mármol ("Non
d'arbres, mais de colonnades"). Baudelaire admira la monotonía de los metales
y las gemas cristalinas porque con ellos se detiene el tiempo, a diferencia de las
plantas que deben crecer, florecer y marchitarse. Los metales y las piedras
preciosas son también insensibles y, por tanto, invencibles, a diferencia de la
vegetación que es sensible a los elementos del entorno, como los cambios
climáticos, y reacciona en consecuencia. Baudelaire menciona la monotonía
del agua, pero luego la sustituye por cascadas de oro fundido, cascadas tan
pesadas que parecen cortinas de vidrio suspendidas. En otras palabras,
Baudelaire sustituye el agua maleable por una materialidad pesada e inmóvil,
y del mismo modo sustituye el inmaterial Ideal por un paisaje metálico y
opresivamente magnificente. Todo está quieto y pulido: el poema concluye que
se trata de un Ideal novelesco de "un silence d'éternité."

Renan teoriza los cuadros de Moreau como superficies materiales suntuosas,
puramente decorativas, sin significado explícito ni emociones humanas. Pero
las decoraciones, como señala Renan, son, en efecto, poderosamente
emocionales, solo que los efectos se comunican de un modo que va más allá de
los medios razonados o lingüísticos, y no es propiedad de un individuo y su
elocuente expresión. El efecto es corporal, de la significación de la vista.
Renan describe el emblemático cuadro de Moreau *Salomé bailando ante
Herodes* de un modo quizá más incisivo que el que Huysmans ofrece en *À
rebours* (aunque los dos relatos guardan cierta semejanza). Renan comienza
la écfrasis con una descripción de la arquitectura y de su atmósfera, que
anticipa la danza de Salomé.

Le harem, en son abside la plus reculée, prison d'onyx incrustée d'émaux,
crypte monumentale aux portiques emplis de silence, baigne dans une
religieuse pénombre et dans l'*aura* qui glace les moelles et prépare aux
pires hallucinations les esprits vacillants. Émanée de baies lointaines, la
poudre d'or du couchant flotte bien entre les fortes colonnes, comme
pour rattacher à la terre des vivants cette architecture sépulcrale; mais des
lampes luisent, des parfums brûlent, d'insaisissables richesses scintillent

à la façon des cristaux et des stalactites dans les abîmes; et des être animent cette immense caverne : les sons étouffés d'une mandore s'égrènent, on entend un cliquetis de joyaux, unfroissement de soies et d'orfrois. Quels acteurs suppose donc un décor où suinte la peur mystique, où la mort plane, sinon de merveilleux automates, des spectres engendrés par la fièvre, des créatures pâlies, énervées et déchues? (63).

Renan no se fija inmediatamente en la figura humana de Salomé. Más bien, resalta la fuerza con que la composición arquitectónica es capaz de crear el aura, antes de que Salomé haya entrado en escena. Todo el párrafo carece de referencias a ninguna vida viviente, ya que los personajes— Herodes, los eunucos, el músico y el centinela—se fusionan en el halo de la escenografía oriental. El silencioso harén es una prisión de ónice con incrustaciones de apliques esmaltados. Es el ábside más recóndito de la arquitectura, una cripta monumental con pórticos abovedados. El interior está envuelto en un ocaso religioso y en un aura especial de prolongados minutos a la espera de un acontecimiento dramático, un aura que hiela los tuétanos de los espíritus más débiles y los prepara para sus peores delirios. Desde las alejadas vidrieras, el haz dorado del sol poniente ilumina las robustas columnas, como si quisiera reconectar la sepulcral arquitectura con la vida terrenal. Pero las lámparas brillan, el perfume arde, los imperceptibles tesoros escondidos al fondo centellean como si fueran cristales y estalactitas en el abismo. Sin embargo, algunos seres animan esta inmensa caverna: ahora resuenan los sonidos sofocados de una mandora; oímos el tintineo de las piedras preciosas, el susurro de la seda y de los pliegues dorados. Ahora Salomé camina hacia el escenario. Pero Renan no está seguro de ello. Más bien oye el tintinear del instrumento (como si no lo tocara un músico), el susurro de la seda y el repiqueteo de las piedras preciosas (como si no lo llevara necesariamente Salomé). Todavía se pregunta quién entraría en escena, como anticipaba ese halo de escenografía oriental. Implícitamente, sin embargo, Renan sostiene que es la representación arquitectónica, y no la humana, la que define el aura del espacio.

Entonces irrumpe Salomé. Cuando Salomé hace su entrada, el francés Renan cambia repentinamente del tiempo presente al tiempo en pasado, como si esta presencia humana otorgara a la inmortal atmósfera oriental un sentido del tiempo.

Dans le champ d'un décor surabondant en richesse arbitraire, Salomé lui apparut magnifique et presque sacrée. Si rien ne devait rappeler la débauche vulgaire, tout devait concourir à exalter la sensualité supérieure que la danse orientale éveille. Blanche de fard, grasse et le visage atone, la docile esclave, formée pour le plaisir au fond du gynécée, ignore encore quel prix paiera son triomphe. (64)

En el ámbito de un decorado excesivamente rico en detalles extravagantes, Salomé se nos presenta grandiosa e incluso sagrada. Aunque ninguna ornamentación debía recordar el libertinaje vulgar, todas debían competir para exaltar al máximo la sensualidad de la cautivadora danza oriental. Su maquillaje blanquecino y aceitoso, su rostro sin emoción, la dócil esclava, adiestrada para dar placer en la profundidad del gineceo, ignoraba aún qué precio acarrearía su triunfo.

Salomé es pura, elegante, solemne. Sus músculos están tensos, su postura rígida, soporta la carga de las piedras preciosas y la tirantez de su cabello peinado para la ceremonia religiosa. Camina en actitud *sonambulista* y, para Schopenhauer, es el momento de contemplación estética en el que se libera de la esclavitud de los deseos carnales.[59] Si es poderosa, no es porque, como imagina erróneamente des Esseintes, sea lasciva y haya esgrimido su encanto sensual con sacudidas y embistes de pecho, ondulaciones de vientre y temblores de los muslos: "par des remous de seins, des secousses de ventre, des frissons de cuisse"(71); más bien se debe a que Salomé es tan dueña de sí misma como una gran sacerdotisa, sus movimientos son casi litúrgicos:

> Dressée sur les orteils, rigide et crispée sous la charge des pierreries qui constellent ses écharpes, ses ceintures, ses robes traînantes, un sommeil magnétique la possède et la ravit toute; et ce glissement à menus pas, c'est un exercice solennel, vaguement liturgique, pour lequel l'officiante a revête des atours qui emprisonnent ses membres et coiffé la haute tiare ovoïde qui raidit sa nuque. Telles les hiérodules des temples dansant devant le Saint des Saints. (64)

De puntillas, rígida y tensa bajo las alhajas que adornan su fajín, su cinto, sus vestimentas alborotadas, un ensimismamiento magnético la poseía y embelesaba. Y su vaivén en diminutos pasos era un acto solemne, ligeramente litúrgico, para el que la sacerdotisa se había puesto las galas que ceñían sus movimientos y la tiara alta y ovoide que erguía su nuca. Del mismo modo, la sagrada ramera esclavizada en un templo danzaba ante el Santo de los Santos.

Por último, Renan cambia al tiempo en presente y comenta el terrible destino que Salomé hace propicio, pero del que solo es consciente a medias.

> Elle entre, et le vent du Désir la suit; dans les plis de ses voiles l'iniquité réside; et sa face est pure.

---

[59] Schopenhauer, *The World as Will and Representation*, Vol. I, p. 201.

Sa chair se fond en tièdes effluves; mais son corps reste droit, sans fléchir,
tant est grave le rite qu'on lue apprit pour se faire aimer.

Son geste ordonne déjà; son bras tendu désigne sans doute un emblème
terrible; mais elle élève aussi la fleur dans ses doigts nonchalants. (64)

Su rostro es puro, pero el viento del Deseo la persigue. Su gestualidad ya impone;
su brazo tensado simboliza sin duda un emblema terrible, pero también levanta
una flor entre sus dedos indolentes. A pesar del gran poder que Salomé posee,
adopta la actitud de una esfinge pétrea, quieta, rígida, indiferente, en un
sonambulismo retraído e insensible.

La Salomé de Moreau es tan pura como sus piedras preciosas; su sexualidad
queda atenuada por su pose firme. Por el contrario, la interpretación del cuadro
de des Esseintes, "accessible seulement aux cervelles ébranlées, aiguisées,
comme rendues visionnaires par la névrose" (70), por famosa que sea, solo se
refiere a una burda pasión—una bestia monstruosa—que Baudelaire
desterraría fuera del ámbito de la belleza:

la Bête monstrueuse, indifférente, irresponsable, insensible, empoisonnant,
de même que l'Hélène antique, tout ce qui l'approche, tout ce qui la voit,
tout ce qu'elle touche. (71)

Siguiendo el poema de Baudelaire "La Beauté," la interpretación que Moreau
hace de Salomé articula bien por qué una estatua pétrea e incomprensible—
incluso antes del momento en que ejerce su encanto venéreo— es tan bella como
poderosa y fatal.

Este culto a los mundos artificiales tallados en mármol y oro— puramente
sensoriales, que rechazan la significación y enmascaran la vida— crea una
moda finisecular única. Lo más famoso es que el esteta de la novela *À rebours*,
de Huysmans, antes de apreciar los cuadros de Moreau (Ch. V), crea su propio
emblema que desarrolla los principios duales de la bellainercia y la riqueza
necesaria — es una tortuga (Ch. IV) bañada en oro y con incrustaciones de
piedras preciosas dispuestas en un delicado ramillete de flores, diseñada para
arrastrarse por su alfombra y atenuar sus colores de pasamanería. La tortuga
sobrevive al baño de oro, pero muere de la pesada carga del deslumbrante y
religioso receptáculo del copón (*ciboire*) (66). Huysmans en el prefacio de *À
rebours* argumenta que su objetivo es escribir sobre los minerales significantes
y la sustancia locuaces que son en sí mismos símbolos: "l'on peut très bien dire
qu'elles sont des minéraux significatifs, de substances loquaces, qu'elles sont,
en un mot, des symboles" (xii-xiii). Sin embargo, las piedras preciosas no
hablan por su significado, sino simplemente por su fuerza sensual. Lo que

Huysmans pretende ofrecer en el libro, como él mismo señala, no son joyas con un significado más allá de sí mismas ("une joaillerie de l'au-delà"), sino simplemente joyas bien descritas, bien dispuestas, bien expuestas: "Il se compose d'écrins plus ou moins bien décrits, plus ou moins bien rangés en une montre" (iii). El capítulo sobre las piedras preciosas es tan superficial como hacer una flor de joyas: "Le chapitre d'*À Rebours* n'est donc que superficiel et à fleur de chaton" (iii). Y el capítulo sobre las flores solo habla de sus formas y colores, no de su significado. Des Esseintes elige orquídeas, que son estrambóticas pero taciturnas: "*À rebours* ne les [fleurs] considère qu'au point de vue des contours et des teintes, nullement au point de vue des significations qu'elles décèlent ; des Esseintes n'a choisi que des orchidées bizarres, mais taciturnes" (xv). Para Huysmans, las superficies adornadas con joyas y las flores estrambóticas, con su materialidad extraña, tienen todo su efecto sensual, precisamente porque se niegan a significar y simbolizar.

Mientras des Esseintes se detiene en la pasión destructiva y lasciva de la femme fatale, Mallarmé está con Moreau en imaginar una imagen estéril de "Hérodiade."[60] El poema se lee tradicionalmente en términos del motivo Simbolista de que la artista desea permanecer en sus sueños en una forma muy autónoma y desvincularse de la tosca sociedad burguesa. Lo más singular, sin embargo, es que Herodías es capaz de sustraerse a las relaciones humanas en virtud de su cabello, la parte de nuestro cuerpo orgánico a la que no llegan los nervios y que, por tanto, no siente dolor. Herodías afirma que es inmortal cuando su cuerpo solitario, el hielo del horror, se baña en su cabello, encerrado por la luz— como si se osificara de repente al cumplirse la condición de una determinada presentación material.

> Le blond torrent de mes cheveux immaculés,
> Quand il baigne mon corps solitaire le glace
> D'horreur, et mes cheveux que la lumière enlace
> Sont immortels (56).

En este pronunciamiento, Herodías se refiere a sí misma desde una perspectiva externa—observa cómo el pelo cubre su cuerpo con la luz que la ilumina— como si fuera un objeto de arte que un pintor comenta. Herodías proclama su deseo de transformarse en un estéril objeto de arte pasivo, que no refleja el mundo, sino los objetos de su habitación infantil.

---

[60] Stéphane Mallarmé, *Poésies*, 8 ed. (Paris: Nouvelle Revue française, 1914), 55-70.

Je veux que mes cheveux qui ne sont pas des fleurs
À répandre l'oubli des humaines douleurs,

Mais de l'or, à jamais vierge des aromates,
Dans leurs éclairs cruels et dans leurs pâleurs mates,
Observent la froideur stérile du métal,
Vous ayant reflétés, joyaux du mur natal,
Armes, vases, depuis ma solitaire enfance (57-58).

Herodías puede ser una mujer estéril de frígida majestuosidad en virtud de su cabello, que emula el metal que es en su mayor parte de un color pálido, y solo brilla ocasionalmente, de una forma que es cruel porque su brillo es transitorio, y nunca responde a los deseos humanos. Con su cabello como atrezo, es, como el dandi de Baudelaire y las mujeres que usan cosméticos, una vida viviente que asume una actitud escultural. Herodías es desapegada, sonámbula, escultórica y ensimismada, pues no anhela nada humano, sino que encarna el ideal del arte.

Mais qui me toucherait, des lions respectée ?
Du reste, je ne veux rien d'humain et, sculptée,
Si tu me vois les yeux perdus au paradis,
C'est quand je me souviens de ton lait bu jadis (62-63).

Cuando la nodriza pregunta a Herodías para quién guarda su desconocido esplendor y su vano misterio, Herodías responde que, el arte por el arte, lo guarda para sí misma—el arte se sustrae al espectador, por tanto, es estéril. Pero lo más curioso es que Herodías se dirige entonces, en apóstrofe, a las minas de oro y cristal que están enterradas bajo tierra, a las que no puede ver, pero llama a la presencia—para compartir sus sentimientos, como si se considerara parte del mundo inorgánico.

Oui, c'est pour moi, pour moi, que je fleuris, déserte!
Vous le savez, jardins d'améthyste, enfouis
Sans fin dans de savants abîmes éblouis,
Ors ignorés, gardant votre antique lumière
Sous le sombre sommeil d'une terre première,
Vous, pierres où mes yeux comme de purs bijoux
Empruntent leur clarté mélodieuse, et vous
Métaux qui donnez à ma jeune chevelure
Une splendeur fatale et sa massive allure (63)!

Herodías es una flor desierta, que florece para sí misma, del mismo modo que el cristal enterrado bajo tierra brilla desde los tiempos primigenios. Herodías toma prestado de los cristales la inorgánica luz púrpura de sus ojos, y del oro el brillo metálico de sus cabellos—¡un brillo de fatal esplendor y enorme atractivo! El arte se encierra en sí mismo, aquí no por imaginación distinta de la realidad, no a fuerza de relaciones entre signos, sino más bien a través de objetos materiales que se niegan a significar.

Este interés por la materialidad como pura superficie sensual, en su contraste con la vida por ser terriblemente insensible e incomprensible, es una invención finisecular única, y quizá una faceta menos explorada en nuestro reciente interés teórico por la materialidad. Aunque no puedo mencionar aquí todas las escuelas relacionadas, como ejemplo diametral, Jane Bennett teoriza en su libro *Vibrant Matter*[61] una "materialidad vital" (vii) con el fin de difuminar las distinciones entre los seres humanos y las cosas inorgánicas, y reforzar nuestro vínculo empático y nuestras preocupaciones éticas hacia el mundo material (ix). Su proyecto se inspira principalmente en el "vitalismo material" (x) de Deleuze y Félix Guattari, que busca teorizar la materia inmóvil por lo que no parece: por su capricho vital y sus "autotransformaciones" (59) en el nivel atómico de la energía vibratoria.

> El objetivo es articular la elusiva idea de una materialidad que es en *sí* misma heterogénea, en sí misma un diferencial de intensidades, en sí misma una vida. En este extraño materialismo *vital*, no hay ningún punto de pura quietud, ningún átomo indivisible que no esté a su vez repleto de fuerza virtual. (57, énfasis en el original)

En el capítulo "Una Vida de Metal," Bennett niega así la idea de que la cadena inexpugnable de Prometeo esté hecha de una sustancia homogénea. Más bien, citando un relato científico, Bennett observa que los metales "están formados por multitud de cristales muy diminutos... y difieren en tamaño y forma", y argumenta que "una *vitalidad* metálica, una vida (impersonal) puede verse en el temblor de estos átomos libres en los bordes entre los granos del edificio policristalino" (59). Pero Baudelaire, Moreau y Mallarmé, como ya se ha dicho, aprecian el metal y la piedra preciosa precisamente por sus cualidades inorgánicas, inanimadas: que no tiemble, que permanezca inmóvil en su grandeza. Los artistas del fin de siglo conceptualizan la materia en contraste diametral con la vida, y aprecian su belleza porque es inhumana. Su capacidad para apreciar la otredad de la materia, por contraste, es verdaderamente notable.

---

[61] Jane Bennett, *Vibrant Matter: A Political Ecology of Things* (Duke University Press, 2009).

El fin de siglo crea una noción de apariencia artificial que sigue siendo para siempre un velo que desafía la penetración. Baudelaire define la belleza estrictamente como una apariencia que nunca revelará su interioridad, o mejor, que no tiene interioridad, como en el poema "L'Amour du mensonge"[62] el poeta confiesa que sabe que los ojos son más melancólicos cuando no guardan ningún preciado secreto, como el cielo (al que llama a la presencia) Luego llama en apóstrofe a las máscaras y los adornos, y afirma que ama la apariencia artificial en sí misma, sin predisposición del *yo interior*.

> Mais ne suffit-il pas que tu sois l'apparence,
> Pour réjouir un cœur qui fuit la vérité ?
> Qu'importe ta bêtise ou ton indifférence ?
> Masque ou décor, salut ! J'adore ta beauté.

Baudelaire admite la trampa kantiana de que solo vemos la apariencia de las cosas y nunca la cosa en sí, pero para Baudelaire esta apariencia no es cómodamente antropocéntrica. Es más bien superficial, insensible e incomprensible. Con el peculiar gusto de Baudelaire por la alienación, eleva la apariencia extraña de las cosas como el lugar de la Belleza. Mientras que la vibrante materia de Jane Bennett nos acerca al mundo material satisfaciendo nuestro deseo humano de conocer la esencia y de conexión íntima, una tendencia destacada en el *fin-de-siècle* exige un *difícil* amor hacia la esfinge pétrea, un amor de apariencia sin *yo interior*. Esta extraña amalgama de imaginación y materialidad es la recompensa del honesto amor del artista *fin-de-siècle* por el metal y la piedra, que no alberga un deseo secreto de volver a representar el mito de Pigmalión y a transformar la piedra en algo vivo y familiar. En otras palabras, el artista del fin de siglo crea una relación con las cosas a través de una difícil transformación de sí mismo y de la disciplina de su deseo—amando, sin ser correspondido, a la piedra insensible.

V. El Paraíso Artificial de Huysmans

Hasta ahora hemos hablado del leitmotiv de fin de siglo, la artificialidad, como empresa filosófica, de cómo el arte puede relacionarse de forma ingeniosa con la materia. Mientras que para los idealistas el arte sirve para transfigurar la naturaleza y transferirla al reino inmaterial de la imaginación, los decadentes reinterpretan la fórmula—el arte es superior a la naturaleza—creando manifiestos en los que el arte aparece como una esfinge pétrea, una estatua de mármol o una superficie enjoyada, que puede seducir, herir y disciplinar al sujeto. El arte es el ámbito en el que el artista puede crear relaciones sujeto-

---

[62] Baudelaire, *Les Fleurs du mal,* No. 98.

objeto, y hemos analizado dos de esas relaciones que subvierten a propósito el dictado idealista. En primer lugar, el poeta puede elegir perversamente amar a la estatua de Venus, a la esfinge pétrea o a una máquina androide, al tiempo que afirma que la amada inhumana es superior a una mujer viva—ya que es insensible e inaccesible para siempre, por lo que es capaz de mantener el deseo poético en una búsqueda perpetua. En segundo lugar, el poeta alaba los casos en los que una superficie material cubre el cuerpo vivo, como en los casos del dandismo, la cosmética y las engalanadas joyas en la vestimenta de Salomé, para que el poeta o la mujer ideal puedan emular las cualidades materiales, como la invulnerabilidad, y transformarse en una misteriosa esfinge. En ambos casos, la materialidad, pétrea o deslumbrante, fascina al *fin-de-siècle* por todas sus cualidades inhumanas. En la presente sección, analizaré la tercera fórmula de artificialidad (y relación creativa sujeto-objeto) tal y como se experimenta en *À rebour* de Joris-Karl Huysmans: el empeño del poeta por desentrañar sensaciones extrañas innatas en la materialidad, hasta el punto de trastornar los propios sentidos, de sacrificar el poder conceptual del intelecto y permitir su desorientación. El proyecto de artificialidad de Huysmans puede resumirse en la declaración de Arthur Rimbaud: "Je est un autre": "Il s'agit d'arriver à l'inconnu par le dérèglement de *tout les sens.*"[63] El héroe de Huysmans se dedica a trastornar sus propios sentidos, sustituyendo los contenidos de los conceptos antropocéntricos por sensaciones novedosas, abandonando el anclaje kantiano en este mundo ajeno y acogiendo sus extravagantes arrebatos. Mientras que Meillassoux especula con la posibilidad de cortar el lazo correlacionista mediante "la renuncia del pensamiento al principio de razón,"[64] sin preguntarse cómo puede hacerse, Huysmans lleva a cabo efectivamente el proyecto, y nos muestra que lo que puede conseguirse no es un mero "*hyper-Chaos,*"[65] sino una riqueza de manifestaciones de poderes materiales ocultos tras el orden de nuestra percepción habitual. La diferencia entre Meillassoux y Huysmans es que el filósofo postula una condición universal, mientras que el artista se incluye a sí mismo en sus experimentos y prácticas individuales— Huysmans busca, en primer lugar, trastornar sus propios sentidos y razones en sus esfuerzos artísticos. En las tres fórmulas de artificialidad, el poeta crea nuevas relaciones con la materialidad solo a través de una creación voluntaria de sí mismo.

---

[63] Arthur Rimbaud, "[Lettre] À G. Izambard--13 Mai [1871]," en Rimbaud: Complete Works, Selected Letters, ed. Seth Whidden (Chicago: The University of Chicago Press, 2005), 371 (emphasis and capitalization original). Como indica Huysmans en su Prefacio a *À rebours,* que compuso en 1903, 8 años después de haber escrito la novela, no tiene conocimiento de la obra de Rimbaud en el momento en que compone la novela.

[64] Meillassoux, *After Finitude,* 63.

[65] Meillassoux, *After Finitude,* 64.

Baudelaire tiene dos poemas homónimos llamados "L'Invitation au voyage": el más famoso está escrito en verso e incluido en *Les Fleurs du mal*,[66] mientras que el otro poema en prosa se publica en *Petits poèmes en prose* (el álbum de poesía se llama de otra manera o *Le Spleen de Paris*) (1869).[67] En el poema en prosa, el placer no es el de la unión tranquila y narcisista, autosuficiente, entre el alma y la tierra, como en su homólogo en verso; se trata más bien de una tierra que permite al artista soñar y prolongar las horas a través de una infinidad de sensaciones heterogéneas ("rêver et allonger les heures par l'infini des sensations"). La unidad se sustituye por la diversidad. Mientras que en el poema en verso todo es orden, belleza y placer ("La, tout n'est qu'order et beauté,/Luxe, calme, et volupté"), en el poema en prosa los muebles son grandes, curiosos, extraños, armados de cerraduras y secretos como si se tratasen de refinadas almas propias ("Les meubles sont vastes, curieux, bizarres, armés de serrures et de secrets comme des âmes raffinées"). Los espejos, los metales, las telas, los objetos de oro, plata y cerámica bien labrados hablan a los ojos no en la suave lengua nativa ("douce langue natale") como en el poema en verso, sino en una sinfonía muda y misteriosa ("une symphonie muette et mystérieuse") quizá incomprensible, pero que intriga al alma.

En el poema en prosa, la tierra sigue pareciéndose al alma del artista, y es aún más explícito, para subrayar el proceso creativo de que la Naturaleza es primero remodelada por el artista para que se corresponda con su sueño:

> Pays singulier, supérieur aux autres, comme l'Art l'est à la Nature, où celle-ci est réformée par le rêve, où elle est corrigée, embellie, refondue. (51)

El aforismo suena tradicionalmente idealista, pero aquí, más que remodelar la Naturaleza para que exprese el temperamento y los sentimientos más íntimos, el artista ejemplar de Baudelaire es un horticultor capaz de manipular la materialidad y fabricar sensaciones novedosas, de idear exóticos "*tulipe noire*" y "*dalias azules*"[68] que encarnan la imaginación del artista:

---

[66] *Les Fleurs du mal*, No. 53.

[67] Charles Baudelaire, "Petits Poèmes en prose," en *Œuvres complètes de Charles Baudelaire*, IV. (Michel Lévy frères, 1869), No. XVIII.

[68] Énfasis de Baudelaire. Alude a la novela histórica de Alejandro Dumas *La Tulipe Noire* (1850) en la que la ciudad de Haarlem (Países Bajos) establece un elevado premio monetario para el horticultor que consiga cultivar un tulipán negro. La novela está ambientada en 1672, 30 años después de la de los tulipomanía. La crisis de los tulipanes es la primera burbuja económica de la que se tiene constancia, en la que el precio del bulbo del tulipán se infló de forma frenética para luego desplomarse dramáticamente en febrero de 1637. Véase Anne Goldgar, *Tulipmania: Money, Honor, and Knowledge in the Dutch Golden Age* (University of Chicago Press, 2008).

Fleur incomparable, tulipe retrouvée, allégorique dahlia, c'est là, n'est-ce pas, dans ce beau pays si calme et si rêveur, qu'il faudrait aller vivre et fleurir ? Ne serais-tu pas encadrée dans ton analogie, et ne pourrais-tu pas te mirer, pour parler comme les mystiques, dans ta propre *correspondance* ? (51)

La correspondencia aquí no se ancla en la propia esencia, sino que apunta hacia una diversidad sin fin. En palabras de Barbara Johnson, la diferencia en las correspondencias entre los poemas en verso y en prosa radica en que los primeros ofrecen la tierra como espejo del yo, mientras que en los que siguen "el poeta transforma de hecho ese yo en una sala vacía de espejos,"[69] cumpliendo el *dictum* de Rimbaud "Je est un autre." La "flor alegórica" de la prosa "L'Invitation," argumenta Johnson con contundencia,

> ya no es el punto de convergencia primigenia, de fusión metafórica, donde metáfora y metonimia, significado y significante, se unen armoniosamente, sino el lugar mismo de la sustitución y de la diseminación, una mera constante lingüística en una ecuación infinitamente extensible. (32)

Esta nueva correspondencia en la prosa "L'Invitation," que de hecho obliga al poeta a vaciarse de sí mismo y a abrazar todas las sensaciones desconocidas, que sustituye sin cesar en metáforas lingüísticas lo familiar por lo extranjero, como seguiré argumentando, es desarrollada ulteriormente por Huysmans.

En otros escritos de Baudelaire, asocia esta aptitud artística para acoger indiscriminadamente todo tipo de sensaciones con la *modernidad*, y el flâneur es quien practica esta espiritualidad saboreando activamente todas las sensaciones novedosas que aporta la ciudad moderna. Como afirma Baudelaire en su poema en prosa "Les Foules":[70] el flâneur debe cultivar su espíritu abierto a absorber sensaciones urbanas desconocidas, "vastes voluptés, changeantes, inconnues," para entregarse "à l'imprévu qui se montre, à l'inconnu qui passe,"[71] y disfruta de una inmensa recompensa espiritual que casi roza las "mystérieuses ivresses."[72] Sin embargo, esta apertura tiene un alto precio: el flâneur sacrifica su

---

[69] Barbara Johnson, "Poetry and Its Double: Two Invitations au Voyage" en *The Critical Difference: Essays in the Contemporary Rhetoric of Reading* (Johns Hopkins University Press, 1985), 33.

[70] Baudelaire, *Petits Poèmes en prose*, No. XII.

[71] "Le Voyage" en *Les Fleurs du mal.*

[72] "Les Foules."

personalidad, o incluso su humanidad, por un arrebato de vitalidad.[73] El flâneur disfruta de la comunión universal del mismo modo que la dama puede sacrificar su castidad, para que el flâneur pueda unirse a la "ineffable orgie," "cette sainte prostitution de l'âme tout entire." La sagrada prostitución espiritual de Baudelaire es la perversa metáfora que argumenta contundentemente que el amor casto es pequeño, limitado y débil.

La percepción que Baudelaire tiene de la modernidad, de una búsqueda espiritual de sensaciones novedosas, puede llevarse a cabo no solo en las calles, sino también en un interior artificial donde la experiencia estética está cuidadosamente coreografiada. El poema en prosa de Baudelaire "L'Invitation au voyage" inspira así al héroe de Huysmans en *À rebour*, un *Duc des Esseintes* rico, culto, emancipado e hipersensible que se retira de París a su casa de campo en Fontenay, y allí construye una especie de morada ideal. Huysmans imagina que el poeta reservado puede adueñarse del mundo mediante su cultivada espiritualidad, como Baudelaire compara al poeta con un hombre trabajador que recoge todos los tesoros del mundo y los guarda en la que imagina como su habitación ideal:

> Les trésors du monde y affluent, comme dans la maison d'un homme laborieux et qui a bien mérité du monde entier.

En el paraíso artificial de des Esseintes, este conserva obras de arte decadentes, colecciona flores extrañas, fabrica perfumes, confecciona conjuntos de joyería y busca generar todo tipo de experiencias sensoriales, como construir un viaje por mar ficticio en su propio comedor.

Walter Benjamin sostiene que la arcada es una metáfora que rige la conciencia de la modernidad en el París del siglo XIX.[74] La arcada es una arquitectura de hierro que recoge artículos de lujo e imágenes de todo el mundo, "un mundo en miniatura."[75] Al mismo tiempo, la pintura y la literatura también se inspiran para representar la naturaleza y la sociedad en vistas panorámicas[76]: "Se buscaba incansablemente, mediante artificios técnicos, hacer de los panoramas las escenas de una imitación perfecta de la

---

[73] "Les Foules." "Il n'est pas donné à chacun de prendre un bain de multitude: jouir de la foule est un art; et celui-là seul peut faire, aux dépens du genre humain, une ribote de vitalité."

[74] Walter Benjamin, *The Writer of Modern Life: Essays on Charles Baudelaire*, trans. Howard Eiland et al. (Cambridge, Massachusetts: Harvard University Press, 2016).

[75] Benjamin, *The Writer of Modern Life*, 31.

[76] Benjamin, *The Writer of Modern Life*, 33.

naturaleza."[77] Y el diseño interior de las casas privadas también se hace eco del espíritu de los arcos.[78] La descripción que Benjamin hace aquí del espacio interior parece aplicable a la habitación ideal de Huysmans:

> De ahí surgen las fantasmagorías del interior—que para el hombre reservado representa el universo. En el interior, reúne lo lejano y lo de antaño. Su sala de estar es un palco en el teatro del mundo.[79]

El flâneur es un habitante de la modernidad que se adentra en la fantasmagórica arcada solo para dejarse hechizar y distraerse: "Se entrega a su manipulación mientras disfruta de su alienación de sí mismo y de los demás."[80] Pero el coleccionista que posee el mundo es el verdadero artista, pues transfigura las cosas y pinta su propio mundo ideal, creando un paraíso artificial, con intensa concentración. Aquí el artista vuelve a transfigurar las mercancías con el sello de su impulso creador, y así vuelve a tomar posesión de ellas:

> El interior es el asilo del arte. El coleccionista es el verdadero residente del interior. Su preocupación es la transfiguración de las cosas. Le incumbe la tarea sísifa de despojar a las cosas de su carácter de mercancía al apoderarse de ellas. Pero solo le confiere valor de conocedor, en lugar de valor de uso. El coleccionista sueña su camino no solo hacia un mundo lejano o pasado, sino también hacia uno mejor.[81]

La distinción que hace Benjamin entre el flâneur y el coleccionista podría derivarse de los escritos de Baudelaire sobre el pintor Guys, que, como artista, tiene un objetivo más elevado que el flâneur, que deja pasar las cosas. Para Baudelaire, la receptividad infantil de Guys a la impresión moderna es solo el primer paso — por la noche, el pintor pintará de memoria todo lo que absorbe con tanta avidez durante el día. Para Baudelaire, el verdadero artista debe transformar apasionadamente la impresión fugaz en lo poético y lo eterno: "de dégager de la mode ce qu'elle peut contenir de poétique dans l'historique, de tirer l'éternel du transitoire." Este proceso de interiorización que transforma la sensación en creación podría ser una forma de interpretar por qué Baudelaire, Huysmans y Benjamin situaron al artista no en la calle, sino en una habitación:

---

[77] Benjamin, *The Writer of Modern Life*, 33.
[78] Benjamin, *The Writer of Modern Life*, 41.
[79] Benjamin, *The Writer of Modern Life*, 38.
[80] Benjamin, *The Writer of Modern Life*, 36.
[81] Benjamin, *The Writer of Modern Life*, 39.

el artista moderno es un coleccionista que posee sensaciones novedosas de todo el mundo.

Una diferencia obvia entre el flâneur y el artista en la habitación es que el primero deambula por las bulliciosas calles, mientras que el segundo es más bien un misántropo ermitaño; otra es que el flâneur acoge cualquier sensación que le deparen las circunstancias fortuitas, mientras que el segundo controla y coreografía cuidadosamente su experiencia material. Pero para Baudelaire, el terreno común entre ambos —el terreno común que él define como espíritu artístico—es una aptitud para saborear todo tipo de impresiones o experiencias sensuales. Baudelaire dictamina que este "alquimista de la horticultura" debe buscar y posponer incesantemente los límites de su felicidad, ya que su estatura artística se define por su capacidad para ser receptivo y permanecer deseoso de sensaciones de cualquier tipo.

> Qu'ils cherchent, qu'ils cherchent encore, qu'ils reculent sans cesse les limites de leur bonheur, ces alchimistes de l'horticulture !

Este espíritu de búsqueda perpetua y de espaciosa receptividad es central en el estandarte multicolor de Baudelaire, que combina a la vez con los leitmotiv de la decadencia, la artificialidad y la modernidad. Susan Buck-Morss explica las fantasmagorías de Benjamin como "tecno-estética… el objetivo es la manipulación del sistema sinestésico mediante el control de los estímulos ambientales"[82]— y esa tecno-estética de crear un entorno artificial en el que todas las sensaciones novedosas son cuidadosamente buscadas y generadas, es precisamente el proyecto de Huysmans.

À rebours[83] de Huysmns es una recreación literal (y literaria) del poema en prosa de Baudelaire "L'Invitation au voyage." En el poema en prosa de Baudelaire se puede leer "tant la chaude et capricieuse fantaisie s'y est donné carrière, tant elle l'a patiemment et opiniâtrement illustré de ses savantes et délicates végétations" y, como dictamina Baudelaire, el héroe de la novela de Huysmans se ve transportado a una habitación singular, tan soberbia como la fantasía ardiente y caprichosa de des Esseintes, que asume la misión de ilustrar paciente y persistentemente la habitación con una vegetación erudita y delicada. Invirtiendo la convención poética romántica sobre las flores —principalmente el símbolo orgánico de la naturaleza en el que William Black ve un universo— des Esseintes no busca la armonía del orden natural, sino más bien la monstruosidad creada a partir de las intersecciones entre los límites de

---

[82] Susan Buck-Morss, "Aesthetics and Anaesthetics: Walter Benjamin's Artwork Essay Reconsidered," *October* 62 (1992): 22.
[83] *À rebours* (Paris: Georges Crès, 1922).

lo natural y lo artificial. A des Esseintes le gustaban las flores artificiales que copian impecablemente la creación de la naturaleza en todos sus detalles. Pero en el capítulo ocho de la novela se narra el hecho de que ahora des Esseintes colecciona flores bastante peculiares producidas por la naturaleza, que violan los conceptos que tenemos de ellas, ya que parecen hechas a mano con materiales artificiales—"l'étoffe, le papier, la porcelaine, le métal, paraissaient avoir été prêtés par l'homme à la nature pour lui permettre de créer ses monstres" (120). Des Esseintes compara las hojas y las flores con los órganos animales y el metal, examinando su singular materialidad, que ofende monstruosamente nuestros conceptos sobre ellas. Con esta colección o mejor, producción, de flores extrañas como cometido estético, des Esseintes se pronuncia: "décidément, par le temps qui court, les horticulteurs sont les seuls et les vrais artistes" (122).

Pero, ¿en qué consiste la estética de la horticultura? ¿De qué manera interpreta Huysmans la alquimia de la horticultura de Baudelaire? Nietzsche sostiene que nuestra verdad convencional no es más que una Idea abstracta, un escudo protector del intelecto, que apuntala los poderes materiales brutos del objeto y nos previene de sus asaltos.

> Como criaturas de la *razón*, los seres humanos ahora someten sus acciones al imperativo de las abstracciones; ya no toleran ser arrastrados por impresiones repentinas y percepciones sensuales; ahora generalizan primero todas estas impresiones, convirtiéndolas en conceptos más fríos y menos vistosos, a fin de encauzar hacia ellos el vehículo de sus vidas y acciones. Todo lo que distingue al ser humano de los animales depende de esta capacidad de sublimar la metáfora sensual en un esquema, es decir, de disolver una imagen en un concepto.[84]

Para desafiar lo que Nietzsche define como el antropomorfismo que reduce las cosas de poderes sensuales a conceptos abstractos, el horticultor manipula a la vez la carne de las flores y nuestros conceptos de ellas, mientras que su alquimia libera de la materia las desconocidas fuerzas sensuales aprisionadas por las ideas convencionales.

Mientras que Kant dictamina que no podemos ver la cosa-en-sí, puesto que nuestra percepción ya está estructurada por nuestra concepción a priori, la sensación desconocida que se busca en el *fin-de-siècle* supera a menudo nuestro esquema conceptual. El *fin-de-siècle inconnu* es una inversión de lo

---

[84] Friedrich Nietzsche, "On Truth and Lying in a Non-Moral Sense," en *The Birth of Tragedy and Other Writings* (Cambridge: Cambridge University Press, 1999), 146.

sublime kantiano. Para Kant,[85] un objeto sublime que abruma nuestros sentidos "despierta más bien el sentimiento de una facultad supersensible" en nosotros, un "juicio reflexivo" (134) o una "intencionalidad subjetiva" (137) que funciona independientemente del objeto y suscita una emoción satisfactoria que celebra nuestra independencia a priori o nuestra relación conceptual con "lo infinito" (138)— en resumen, una emoción placentera de que nuestra razón es superior a nuestros sentidos inadecuados, lo que para Kant forma parte de nuestra "vocación" estética (141).

> Así pues, la sublimidad no está contenida en nada de la naturaleza, sino solo en nuestra mente, en la medida en que podemos tomar conciencia de ser superiores a la naturaleza en nuestro interior y, por tanto, también a la naturaleza exterior a nosotros (en la medida en que influye en nosotros). (147)

Pero el *fin-de-siècle inconnu* es precisamente una búsqueda para cortejar sensaciones novedosas que violan nuestro esquema conceptual, dejándonos indefensos ante sus asaltos. Las flores grotescas de des Esseintes pueden clasificarse como lo que Kant define como lo monstruoso: "un objeto es monstruoso si por su magnitud aniquila los fines que constituyen sus conceptos" (136, énfasis en el original). Esta desorientación de nuestro esquema conceptual, este placer masoquista de recibir sensaciones desconocidas innatas en la materialidad, esta bandera de artificialidad, forma parte del proyecto modernista de escapar de la razón kantiana que estructura nuestra percepción cotidiana. Y esta huida de la razón kantiana sería, para Meillassoux, la hazaña más asombrosa del desantropocentrismo.

Además de buscar sensaciones monstruosas que desorienten nuestros esquemas conceptuales, el héroe de Huysmans también se regocija en desestabilizar nuestros conceptos más banales pero líricos con lo humorísticamente artificial. Des Esseintes persigue el leitmotiv baudeleriano del viaje por mar, ya que en el capítulo cuarto de la novela realiza su crucero (ridículamente) imaginario en un camarote de barco que construye dentro de su propio comedor, con techo abovedado y vigas semicirculares, y su revestimiento cortado en forma de ojo de buey (25). Des Esseintes coloca entonces un acuario entre el ojo de buey y la ventana del comedor real, y coloca en el acuario peces mecánicos y algas de imitación. Cuando su estado de ánimo se lo permitía, goteaba tinte en el agua para imitar los colores cambiantes del mar, como el de los diversos ríos—verdosos grisáceos o plateados— que

---

[85] Immanuel Kant, *Critique of the Power of Judgement*. trans. Paul Guyer (Cambridge of University Press, 2000).

desembocan en él, el del resplandor de la luz del sol en diferentes estaciones y horas, así como las cualidades atmosféricas de la lluvia que se avecina (25-26). En su crucero imaginario, des Esseintes también contempla una gran colección de objetos relacionados con el viaje, después de haber imaginado las vistas de las aguas turbulentas y las criaturas marinas mecánicas, y de haber impregnado su camarote artificial con el olor del alquitrán— horarios de líneas de barcos de vapor, aparatos de medida como brújulas y mapas, cañas y redes de pesca, e incluso un ancla falsa hecha no de hierro en bruto sino de corcho, pintada de negro — a la que des Esseintes se refiere como "un léger subterfuge, par une approximative sophistication de l'objet poursuivi par ces désirs mêmes" (28). Un motivo predominante de la estética de des Esseintes consiste en esta imitación espuria y artificial de la naturaleza a través de sus objetos aproximados y su montaje manipulador, así como el empleo de la imaginación que sustituye y correlaciona lo natural y lo artificial, creando juntos la experiencia sensorial más singular.

Además de su colección de James flores exóticas y la construcción de viajes marinos imaginarios, des Esseintes, con su teoría de la correspondencia sensorial, en la que la percepción de la vista, el oído, el olfato y el gusto son intercambiables, pretende también cuestionar nuestra correlación normativa entre conceptos y sensaciones. En particular, para ver la correspondencia entre los sentidos, uno debe cultivar a la vez su susceptibilidad y sus conocimientos en las artes respectivas. Las impresiones novedosas que recibe pueden ser de hecho diminutas, pero el verdadero artista tendría que magnificarlas diez veces, y luego coordinarlas y combinarlas en una obra de arte.

> Il pensait que l'odorat pouvait éprouver des jouissances égales à celles de l'ouïe et de la vue, chaque sens étant susceptible, par suite d'une disposition naturelle et d'une érudite culture, de percevoir des impressions nouvelles, de les décupler, de les coordonner, d'en composer ce tout qui constitue une œuvre. (145)

A continuación, des Esseintes experimenta cómo cada sabor de los licores podría corresponder a diferentes notas musicales y a cualidades sonoras de distintos instrumentos — por ejemplo, el violín puede estar representado por el brandy añejo, "fumeuse et fine, aiguë et frêle" (61) — para poder tocar una sinfonía en su paladar inventando una máquina, un "orgue à bouche" que gotea cuidadosamente y gota a gota el licor (60). La maestría de des Esseintes con el perfume demuestra asimismo su estética para confundir las categorías entre lo natural y lo artificial. Des Esseintes explica que el artífice de la fragancia no puede reproducir el aroma de las flores vivas destilando la esencia de los pétalos aplastados. Más bien, los perfumes que llevan el nombre de cualquier flor— con la excepción del jazmín, que no puede imitarse con ningún arte—

son hábiles combinaciones entre alcoholatos y esencias (146). El artista consumado, un alquimista de verdad, es aquel que es capaz de hacer honor al evocador nombre del perfume conociendo a la perfección los poderes ocultos y manifiestos de cada ingrediente, y llevándolos a la interpretación orquestada mezclándolos en la proporción precisa, junto con el toque creativo y personal de cada uno. Con la teoría de la correspondencia de des Esseintes se compara el arte de la perfumería con el de un joyero que pule piedras de gran precisión (146), y con el de un poeta que sabe descifrar un lenguaje exótico de gramática concisa y belleza sugestiva: "des Esseintes qui déchiffrait maintenant cette langue, variée, aussi insinuante que celle de la littérature, ce style d'une concision inouïe, sous son apparence flottante et vague" (147).

Bajo el concepto general, muy poetizado y, por tanto, convencionalizado, des Esseintes reúne un conjunto de objetos, por lo demás improbable, que se utilizan para generar sensaciones que él nombra casualmente como viaje por mar, que, de alguna manera, hacen que la estética de des Esseintes pueda articularse mediante lo que Nietzsche llama "un ejército móvil de metáforas, metonimias, antropomorfismos,"[86] que, a través de interminables juegos de categorías entre lo natural y lo artificial, ponen nuestras ideas convencionales en una rica metamorfosis para desatar los poderes sensuales innatos en la materialidad, que suelen estar encerrados en conceptos abstractos y universales comprensibles, pero no del todo, como la sensación de su extraño y torpe pez mecánico nadando en el tanque, enredado con la imitación de algas, impulsado por un mecanismo de relojería. El enemigo de des Esseintes, la Naturaleza, se equipara en gran medida con nuestro sentido naturalizado de cómo son las cosas, mientras que su artificialidad se alinea con su virtuosa manipulación de los materiales en la búsqueda de sensaciones incomparables que parodian lo real. Nuestras ideas de lo que es un objeto — a lo que Nietzsche se refiere como la verdad convencional, una Idea abstracta que estructura su poder material— se moviliza entonces en una metáfora imaginativa, una analogía forjada, un ojo de buey frente a un acuario de colores, soñando un viaje por mar.

Leyendo la obra de Nietzsche, *Sobre la verdad y la mentira*, Paul de Man señala que la metáfora y la metonimia permiten una metamorfosis ovidiana sin fin, mientras que el tercer término de esta enumeración, el antropomorfismo, congela la cadena de la traducción artística, ya que asume un estándar humano dado, el punto de "verdad."[87] Pero para des Esseintes su acuario que refleja la luz solar real con agua coloreada, su mar artificial que mira a través

---

[86] Nietzsche, "On Truth and Lying in a Non-Moral Sense," 146.
[87] Paul de Man, "Anthropomorphism and Trope in Lyric," en *The Rhetoric of Romanticism* (New York: Columbia University Press, 1984), 240-41.

del ojo de buey, es precisamente el objeto más autoconscientemente fatuo, un simulacro que pretende burlarse de "lo real" y lo revela como conceptos convencionales que apenas designan una materialidad desconocida. Tanto para Nietzsche como para des Esseintes, para quienes la verdad no es más que convención, la artificialidad conspicua es el arma contra el antropomorfismo: pone en movimiento nuestros rígidos conceptos al tiempo que desata sensaciones desconocidas.

VI. Resumen de la Parte 1

La Artificialidad— o el concepto de que el arte es superior a la naturaleza—es el leitmotiv de los artistas del *fin-de-siècle*: Baudelaire, Los Parnasianos, Villiers de L'Isle-Adam, Moreau, and Huysmans. La primera parte del libro sostiene que la artificialidad es un giro intencionado y perverso del dictado idealista. En el idealismo, el arte es superior a la naturaleza, ya que teoriza el arte como el poder imaginativo que transforma y, por tanto, transfiere la naturaleza al ámbito inmaterial, mientras que la bandera de la artificialidad siempre subvierte las relaciones de poder entre materialidad y subjetividad. La primera parte analiza tres fórmulas de artificialidad. Primero, el poeta ama voluntariamente a la estatua de mármol y a la esfinge pétrea, y refunde las cualidades de la piedra: insensible, incomprensible e inaccesible, como cualidades del ideal que pueden sostener la búsqueda perpetua del poeta. En segundo lugar, como en el caso del dandismo, la cosmética y las galas de piedras preciosas de Salomé, el artista asume máscaras impasibles de materialidad para subyugar el corazón sensible y disciplinar el alma. En tercer lugar, como en el caso de Rimbaud y Huysmans, el artista trata de desentrañar sensaciones novedosas atesoradas en la materia, hasta el punto de trastornar los sentidos y desestabilizar el esquema conceptual. En estos tres casos, el poeta crea relaciones ingeniosas con la cosa únicamente a través de recreaciones del yo.

Así, la primera parte del libro sostiene que la obra de arte del fin de siglo experimenta una interesante reconceptualización ontológica cuya identidad ya no es el sueño libre e inmaterial de Hegel, sino más bien esta extraña asociación de artificialidad con materialidad incomprensible, este aliado de la imaginación y la materia inerte que se disocia del interior, un ideal de Belleza hecho con metal y mármol que es eterno, inamovible e insensible— que juntos crean nuevas dinámicas imaginación-materia y negocian la largamente honrada jerarquía de mente y materia. La relación entre la imaginación poética y el medio artístico de la materialidad, tal y como Baudelaire la conceptualiza en el poema "La Beauté," sigue alineándose bien con la abismal división sujeto-objeto recortada por Kant. Pero lo que Baudelaire inspira en los artistas del fin de siglo, de manera más peculiar, es a la vez *un deseo exacerbado y una alienación escalada del corazón sensible hacia la materia insensible.* Este anhelo condenado y esta búsqueda imposible serán el primer parangón de la tesis del libro que traza, históricamente, la plétora de relaciones creativas sujeto-objeto que brotan con el ocaso del Idealismo alemán, y que pone de manifiesto, teóricamente, que el arte proporciona tal escenario para experimentar con nuevas *relaciones sujeto-objeto*, mientras que el poeta a menudo crea nuevas relaciones con las cosas a través de la creación del yo.

DOS
Ficción Autofilosófica

En la Parte Uno de este libro, he analizado las prácticas reales de cómo los artistas cultivan sus formas únicas de amor— el amor no correspondido de Baudelaire hacia la piedra, por ejemplo— como enfoques creativos para responder al enigma kantiano de que la materia es inaccesible. En esta Parte Dos, investigaré más a fondo la *forma literaria* que responde de forma autorreflexiva y explícita a la cuestión metafísica. Mi propósito es discutir la literatura como un modo de pensamiento diferente de la filosofía, en el sentido de que no se limita a mantener un ideal estético o a defender una verdad universal, sino que más bien investiga cómo se debe alcanzar el ideal a través del cultivo del yo, así como el modo en que el ideal debe modelar la vida—lo que mostrará las implicaciones éticas y estéticas de abrazar el ideal. Los estudiosos recientes exploran con entusiasmo cómo la literatura modernista se ve influida por la ciencia y la psicología más avanzadas de la época.[1] Sin embargo, aparte de documentar minuciosamente cómo la física cuántica y la psicología empirista influyen en el arte, los estudiosos no han desarrollado un enfoque sistemático sobre cómo el arte puede relacionarse con las pretensiones de verdad. Otro enfoque es leer la propia literatura como una especie de obra filosófica, por ejemplo, como Joshua Landy proclama en su libro *Philosophy as Fiction* "uno de los principales objetivos de mi libro es demostrar que[...] podemos extraer un sistema filosófico coherente, poderoso y original de *A la recherche du temps perdu*" (8). Sin embargo, la segunda parte del libro sostiene que la literatura difiere de la filosofía como modo de razonamiento en que la literatura establece ideales estéticos en el laboratorio de la vida, y examina estos ideales a través del medio de la vida. Walter Pater lo hace exactamente así a través de un género que desarrolló y denominó *retrato imaginario*. Pero me gustaría llamar al género, de forma más explícita, *ficción autofilosófica*, e incluir en la misma categoría la *Recherche* de Marcel Proust y la novela experimental de Virginia Woolf, *The Waves*.

Pater afirma que su retrato imaginario de género, siguiendo la tradición romántica de la simpatía, nos permite un acceso privilegiado a las sensaciones e ideas del héroe (Pater rara vez retrata heroínas). A través del género, la filosofía deja de ser una verdad absoluta y objetiva. Más bien, las ideas se

---

[1] Véase, por ejemplo, Benjamin Morgan, *The Outward Mind: Materialist Aesthetics in Victorian Science and Literature* (Chicago: The University of Chicago Press, 2017).

adoptan debido al temperamento de cada uno, y es una cuestión de elección estética. En tal género, Pater nos muestra cómo puede vivirse un ideal; cuál sería entonces el sabor de la vida si adoptamos una determinada doctrina filosófica como precepto espiritual; y, lo que es más importante, cómo podríamos vivir de acuerdo con un ideal mediante la educación y el cultivo estéticos. *Mientras que la metafísica posterior a Kant hereda un marco en el que la subjetividad es un dato universal, la literatura permite al artista crear el yo y, por tanto, crear relaciones con el mundo.* Mediante esta creación subjetiva, la literatura es el modo de pensamiento que nos permite apartarnos de la razón universal que, para Kant, separa al ser humano de las cosas, y alcanzar, así, el desantropocentrismo.

Mientras que la filosofía se pregunta qué es la verdad, el arte se pregunta cómo debemos responder a la verdad. Los tres escritores analizados en la Parte Dos—Pater, Proust y Woolf—operan dentro de un predicamento empirista similar al que esbozaré más adelante en la Sección I: que nuestra conciencia o ego trascendental tiene un acceso muy limitado a nuestra experiencia sensual, que en cada momento es fugaz e irrevocable. En la Sección II, analizo cómo este enigma metafísico plantea una paradoja que no se puede suavizar fácilmente eligiendo simplemente una postura coherente y de aplicación universal. Más bien, la naturaleza de la cuestión como tal requiere: en primer lugar, el cultivo del yo, como expansión de la propia conciencia y elevación de la propia pasión por abrazar las sensaciones fugaces; y, en segundo lugar, una negociación entre la propia receptividad y la propia agencia artística, que crea relaciones sujeto-objeto en el campo de batalla de la obra de arte. Ambas tareas exigen que el artista traduzca un ideal estético en prácticas rigurosas y que soporte las ramificaciones de estos ideales con su propia vida. La ficción autofilosófica es el género en el que el artista puede poner a prueba si ha estado a la altura de sus ideales estéticos y, lo que es más importante, comprobar si sus ideales responden realmente a los enigmas metafísicos. En las secciones siguientes se analiza la forma en que cada artista responde al predicamento metafísico: El héroe de Pater jura ampliar sus poderes de percepción para registrar las sensaciones fugaces; el protagonista de Proust desea trascender el tiempo afirmando poseer la memoria sensual del pasado; los personajes de Woolf sueñan con renunciar por completo a su conciencia individual para sumergirse en la sensación universal. Por supuesto, siempre existe una relación ambigua entre las ficciones y la vida biológica de los escritores. Pero mi énfasis no está tanto en los elementos autobiográficos de estas ficciones, sino más bien en un *método* de relacionar nuestra vida con las ideas— El término "auto" se refiere a esta autorreflexión en la que el artista examina los conflictos entre práctica y teoría, así como las consecuencias de aplicar una determinada idea a la vida.

Al poner en práctica la idea, la literatura presupone la subjetividad individual en lugar de la aplicabilidad universal: reconoce lo que puede crearse en lugar de lo que este libro sostiene, que el arte es el modo de pensamiento con el que podemos responder a la llamada al desantropocentrismo, la llamada a escapar de la razón universal kantiana: porque el primer significado del desantropocentrismo es que partimos de lo dado universal, y nos creamos a nosotros mismos para crear nuevas relaciones con el mundo. Mi argumento aquí pretende cuadrar el estereotipo general de que el desantropocentrismo modernista pretende alcanzar una visión inhumana simplemente eliminando la presencia humana en el discurso o la representación artística. Más bien, la cuestión central sigue siendo *cómo* puede el artista alcanzar el desantropocentrismo mediante el cultivo estético y, por esta misma razón, el yo para los escritores modernistas recibe una atención intensa y renovada. En palabras de Aaron Jaffe, "en este sentido, Woolf no escribe sobre una cosa o un objeto en sí, sino sobre un laboratorio literario inhumanista."[2] La escritura es un laboratorio experimental en el sentido de que los artistas deben poner en práctica teorías y probar ideas con sus propias vidas. Como argumentaré más adelante, la receptividad y la memoria son lugares elegidos por los artistas para el cultivo estético con el fin de lograr una alternativa visual a la percepción habitual.

Para anticipar lo que sigue, el narrador de Proust en *À la recherche du temps perdu* (en lo sucesivo, Marcel) afirma que, mediante su famoso mecanismo de memoria involuntaria, ha encontrado un medio para sublimar las sensaciones transitorias y misteriosas y tomar plena posesión de ellas en su mente. Pero entonces, yuxtaponiendo la búsqueda artística de Marcel con su fiasco romántico, descubrimos que la apropiación idealista de Marcel nunca puede compensar lo que realmente desea—intimidad con una mujer esquiva, un Otro definitivo en el momento presente. Aunque Marcel profesa abiertamente su afinidad idealista, resulta irónicamente claro para el lector que esta apropiación idealista conduce al aislamiento más doloroso para el artista. Para Woolf, este concepto idealista del arte es simplemente contradictorio con su objetivo estético de renunciar a su conciencia individual para abrazar indiscriminadamente todos los pensamientos y sensaciones pasajeras. A pesar de sus mejores esfuerzos por registrar la corriente de pensamientos, Woolf estima que el acto de escribir siempre implicará el ejercicio de la conciencia individual, y este reconocimiento equivale a una confesión de su fracaso final. El concepto de arte más logrado, en mi opinión, lo ofrece Pater en uno de sus retratos imaginarios, un ensayo titulado "El Niño en la Casa." Compartiendo

---

[2] Aaron Jaffe, "Introduction: Who's Afraid of the Inhuman Woolf?," *Modernism /Modernity* 23, no. 3 (2016): 495.

con la psicología empirista la idea de que nuestra conciencia selectiva está moldeada por nuestros hábitos, Pater ofrece aquí una valoración de los hábitos distinta de la que sostiene en su famosa "Conclusión" al *Renacimiento*. En "El Niño en la Casa," Pater remonta la formación de estos hábitos a nuestra habituación material. Por tanto, el ejercicio de nuestra conciencia no transporta la naturaleza al reino inmaterial de la imaginación, sino que demuestra nuestros gustos y predilecciones únicos que han sido en primer lugar moldeados por el mundo material. La misión del arte, sugiere Pater, reside en este recuerdo de nuestra formación materia.

I. Psicología Empírica

Como documenta cuidadosamente Judith Ryan en su libro *The Vanishing Subject: Early Psychology and Literary Modernism*, el término psicología empirista puede denotar la psicología temprana de finales del siglo XIX, cuyas figuras centrales fueron Ernst Mach y William James.[3] Como Ryan fue desmenuzando pacientemente, un amplio abanico de escritores modernistas se sintieron intrigados por la psicología empirista, entre ellos Pater, Huysmans, Rilke, Alice James, Henry James, Gertrude Stein, Kafka, Joyce, Proust, Woolf, Robert Musil,[4] y yo añadiría, los pintores impresionistas. La premisa de la psicología empirista parte de una problematización del yo trascendental kantiano, así como de su estatus privilegiado de organizador de la experiencia para dar certeza al conocimiento. Como parte de la crítica modernista al infravalorado lugar central del ser humano en el universo, los paladines de la psicología empirista cuestionan la legitimidad de la razón *a priori* kantiana y la reconceptualizan como una estructura antropomórfica que nos impide tener un contacto directo con el mundo fenoménico. Como lo resume William James, la conciencia trascendental kantiana no es una prisión ineludible completamente independiente y anterior a nuestra experiencia. Se trata más bien de una mera función psicológica que nos permite ser conscientes de los contenidos de la experiencia, "nuestros hábitos de atención" que seleccionan determinadas sensaciones que nos notifican la existencia de un determinado objeto y pasan por alto lo que queda fuera de nuestra atención.[5] Nuestra conciencia como tal no organiza la experiencia en virtud de una estructura innata de validez universal. Más bien, para James, nuestro hábito de atención es una tendencia tenaz que, sin embargo, es negociable, y de hecho es posible

---

[3] Judith Ryan, *The Vanishing Subject: Early Psychology and Literary Modernism* (Chicago: University of Chicago Press, 1991), 2.

[4] Ryan, *The Vanishing Subject*, vii-viii.

[5] William James, *Psychology: The Briefer Course* (Dover Publications, 2001), 39.

ampliar nuestra atención perceptiva mediante esfuerzos cultivados, si estamos interesados en hacerlo:

> Solo nos damos cuenta de las sensaciones que son para nosotros signos de *cosas* que nos interesan práctica o estéticamente, a las que, por tanto, damos nombres sustantivos, y que exaltamos a este estatus exclusivo de independencia y dignidad. Pero en sí misma, aparte de mi interés, una determinada espiral de polvo en un día de viento es *algo* tan individual, y merece tanto o tan poco un nombre individual, como mi propio cuerpo.[6]

Nuestro cuerpo podría haber sentido la espiral de polvo, solo que este polvo no invade nuestra conciencia. Pero el artista puede cultivar y ampliar intencionadamente su atención para incluir la espiral de polvo en nuestro dominio de percepción.

En lugar de la jerarquía kantiana entre el yo trascendental y la experiencia formada y verificada, James propone un dualismo diferente entre *la conciencia de nuestra experiencia y nuestra corriente de pensamientos*, o el *yo conocedor* y el *yo experiencial*. La corriente de pensamientos, la suma de toda nuestra vida subjetiva, según William James, "consiste en estas rápidas perspectivas premonitorias"[7] antes de que nuestra conciencia las reconozca como objetos, así como en un flujo incesante de sensaciones, emociones y pensamientos no articulados. Sin embargo, nuestra conciencia de la experiencia, "el Yo Conocedor," solo puede captar una fracción de este torrente de pensamientos, ya que corta el flujo y lo consolida en la llamada realidad, a través de un cierto filtro habitual— "El intento de análisis introspectivo en estos casos es, de hecho, como agarrar una peonza para captar su movimiento, o intentar subir el gas con la suficiente rapidez para ver cómo se ve la oscuridad."[8] Desafiando la noción del ego trascendental kantiano, el propósito de la atención de James a la corriente de pensamientos es encontrar un campo accesible para nosotros anterior a la división sujeto-objeto:

> El plano instantáneo del presente es en todo momento lo que yo llamo la experiencia 'pura'. Solo es virtual o potencialmente objeto o sujeto. Por el momento, es simple actualidad o existencia no cualificada, un simple *eso*. En esta inmediatez *ingenua* es, por supuesto, *válida*; está *ahí*, *actuamos* sobre ella; y la duplicación de la misma en retrospectiva en un

---

[6] James, *Psychology*, 38 (énfasis en el original).
[7] Ibid., 31.
[8] Ibid., 28.

estado mental y una realidad pretendida con ello, es solo uno de los actos.
… la experiencia inmediata en su transcurrir es siempre 'verdad,' verdad
práctica, *algo sobre lo que actuar*, a su propio movimiento.[9]

En otras palabras, para James, lo que se llama realidad ya no necesita ser
sancionado por nuestra razón *a priori*, sino que existe antes de nuestra
conciencia, en la zona de contacto entre nuestro cuerpo y el mundo sensual.
En su libro *Essays in Radical Empiricism*, James "borra la noción de conciencia
de su lista de primeros principios" y desafía la división kantiana sujeto-objeto
mediante la concesión a la "experiencia pura" anterior a nuestra conciencia del
más alto estatus ontológico. En su versión más radical, James niega la división
sujeto-objeto, pues piensa que la conciencia como entidad es "ficticia," y
propone un monismo según el cual el mundo está hecho de "experiencia pura":
"Pero los pensamientos en lo concreto están hechos de la misma materia que
las cosas," que la corriente del pensamiento es tan fisiológica como "la
corriente de mi respiración."[10] Como explicaré con más detalle en la Sección V,
el proyecto de Woolf de escribir la corriente de conciencia de los personajes
guarda la mayor similitud con la filosofía de James: en efecto, transcribe todos
estos pensamientos pasajeros y emociones diminutas para permanecer en el
nivel preconsciente, antes de la división entre sujeto y objeto.

El monismo de James resume los esfuerzos filosóficos colectivos de finales
del siglo XIX por liberarse de la prisión idealista. La mayor parte de estos
esfuerzos se recogen en la revista *The Monist*, que se fundó en el año 1888 y que
aún hoy dirige Oxford University Press. La tesis de esta revista es ciertamente
radical, pero sin embargo es discutida y corroborada por muchos pensadores
de primera fila desde hace dos décadas—que el mundo está compuesto de
sensaciones antes de entrar en nuestra conciencia, y que estas sensaciones
fugaces, en lugar de nuestra razón *a priori*, merecen el estatus ontológico más
elevado. Ernst Mach en su artículo publicado en *The Monist*, "El análisis de las
sensaciones" (1890), por ejemplo, sostiene que todo el mundo interior y
exterior está compuesto de sensaciones, aunque él prefiere llamar "elementos"
a las sensaciones—porque para Mach la sensación no es lo que percibe el ser
humano, sino que es real y existe en el mundo objetivo.

Así, las percepciones, así como las ideas, la voluntad y los sentimientos,
en resumen, todo el mundo interior y exterior, están compuestos por un
pequeño número de elementos homólogos unidos en relaciones a veces
más evanescentes y a veces más duraderas. Estos elementos se denominan

---

[9] William James, *Essays in Radical Empiricism* (Longmans, 1912), 23–24.
[10] Ibid., 37.

comúnmente sensaciones. Pero como en este término hay vestigios de una teoría unilateral, preferimos hablar simplemente de elementos, como ya hemos hecho.[11]

Veinticinco años más tarde, Bertrand Russell repite la misma tesis en su artículo "Los Constituyentes Fundamentales de la Materia," publicado también en *The Monist*: "Creo que los datos reales de la sensación, los objetos inmediatos de la vista o el tacto o el oído, son extra-mentales, puramente físicos, y se encuentran entre los constituyentes fundamentales de la materia."[12] Como trataré más adelante en la Sección V, tanto Walter Pater como Virginia Woolf son defensores de este concepto monista de la sensación universal, de que formamos parte de esta sensación que nos envuelve a todos, de que nuestro ego trascendental que nos impide sumergirnos en la totalidad de la sensación universal es casi nuestro pecado original, y de que un verdadero artista debe tratar de adelantarse a las actividades de nuestro ego trascendental.

Los tres escritores analizados en la Parte II del libro—Pater, Proust, y Woolf— se ocupan de las cuestiones que deja el empirismo. Estudios recientes han realizado amplias lecturas intertextuales que sitúan los escritos de Pater, Proust y Woolf en el contexto de los descubrimientos filosófico-científicos contemporáneos, principalmente los de la psicología empirista.[13] Sin embargo, creo que para el propósito del presente capítulo las ideas citadas son suficientes para resumir el trasfondo general con el que se comprometen los tres escritores. En la siguiente sección, esbozaré brevemente el modo en que

---

[11] Ernst Mach, "The Analysis of the Sensations. Antimetaphysical," *The Monist* 1, no. 1 (1890): 61 (énfasis en el original).

[12] Bertrand Russell, "The Ultimate Constituents of Matter," *The Monist* 25, no. 3 (1915): 402.

[13] Para estudios sobre la respuesta de los escritores modernistas a la psicología empirista de la época, véase Judith Ryan, *The Vanishing Subject: Early Psychology and Literary Modernism* (Chicago: University of Chicago Press, 1991); Benjamin Morgan, *The Outward Mind: Materialist Aesthetics in Victorian Science and Literature* (Chicago: The University of Chicago Press, 2017); Marilyn M. Sachs, *Marcel Proust in the Light of William James: In Search of a Lost Source* (Lanham, Maryland: Lexington Books, 2014); Rosa Slegers, *Courageous Vulnerability: Ethics and Knowledge in Proust, Bergson, Marcel, and James,* (Leiden; Boston: Brill, 2010). Muchos libros que estudian la intersección de la tradición empirista y la literatura modernista sitúan a Woolf en el capítulo final, presumiblemente porque su pensamiento es el más radical que toma la autodisolución como objetivo del autocultivo. Esto incluye Ryan's *The Vanishing Subject,* Jesse Matz, *Literary Impressionism and Modernist Aesthetics* (Cambridge University Press, 2003); Finn Fordham, *I Do, I Undo, I Redo: The Textual Genesis of Modernist Selves in Hopkins, Yeats, Conrad, Forster, Joyce, and Woolf* (Oxford: Oxford University Press, 2010).

los artistas modernistas se enfrentan al empirismo en dos importantes medios estéticos: la receptividad y la memoria.

II. Receptividad y Memoria

Frente al entorno intelectual general, la segunda parte del libro se centra, sin embargo, más en las implicaciones estéticas y éticas que exploran los artistas. En esta sección, esbozaré brevemente cómo los artistas modernistas en general, incluidos Baudelaire y Roger Fry en la pintura impresionista, así como Pater, Proust y Woolf, que son las figuras principales de la discusión, ante el enigma metafísico dejado por la psicología empirista formulan sus preguntas específicas y sus respuestas estéticas. Las cuestiones que preocupan a los artistas modernistas son, sencillamente: en primer lugar, ¿cómo puede nuestra conciencia (o intelecto, como dice Proust) ser consciente de todas las sensaciones, emociones y pensamientos pasajeros? En segundo lugar, ¿cómo podrían los artistas participar en la sensación pasajera con su memoria, por ejemplo, hacer de *el-mismo-recuerdo-de-la-sensación* un objeto estético? La receptividad y la memoria se convierten en el lugar de autocultivo en el que los artistas se relacionan con sensaciones fugaces a través de los medios de su *propio yo*. Pero también veremos que cada escritor conceptualiza la memoria de forma diferente, lo que encarna sus relaciones estéticas con el mundo: la memoria es el lugar de la idealización para Baudelaire, una forma de recuperar el pasado perdido para Marcel, para Pater, la gema de la vida que sobrevive a la llama devoradora del tiempo que pasa, y para Woolf el tamiz poroso donde el pasado interactúa con el presente, el cuerpo con el mundo.

Para los escritores modernistas, la receptividad se convierte generalmente en una peliaguda polémica estética, cuando la percepción humana dada se concibe ahora como inadecuada frente a las sensaciones fugaces. Pater articula la cosmovisión empirista en la imagen de la arrasadora corriente de Heraclio que nuestra conciencia apenas puede alcanzar, como en su famosa "Conclusión" al *Renacimiento* (1868)[14]: "todo lo que hay de real en ella es un momento único, que desaparece mientras tratamos de aprehenderlo, y del que siempre puede decirse con más verdad que ha dejado de ser que que es" (249). Esta visión empirista se observa también en un pasaje de la novela de Pater *Marius el Epicúreo*:

> El paso rápido de las cosas, el paso aún más rápido de esos modos de nuestro ser consciente que parecían reflejarlas, podría ser en verdad el ardor del fuego divino: pero lo que se comprobó fue que pasaban como una llama arrasadora, o como la carrera del agua en medio de la

---

[14] Walter Pater, *The Renaissance: Studies in Art and Poetry* (Landon: Macmillan, 1888). El libro se puede descargar en Google Books.

corriente—demasiado rápido como para que pudiera alcanzarse ningún conocimiento real de ellas. (Chp. 8, p. 131-32)

Esta sensación de crisis epistemológica también la expresa de forma conmovedora Proust, cuyo héroe, Marcel, se lamenta de que su intelecto no pueda comprender, y mucho menos retener, gran parte de su experiencia sensual. Cuando Marcel descubre el mecanismo de la memoria involuntaria, su reacción está marcada por un curioso enaltecimiento de sí mismo.

> Une minute affranchie de l'ordre du temps a recréé en nous pour la sentir l'homme affranchi de l'ordre du temps. Et celui-là on comprend qu'il soit confiant dans sa joie, même si le simple goût d'une madeleine ne semble pas contenir logiquement les raisons de cette joie, on comprend que le mot de « mort » n'ait pas de sens pour lui ; situé hors du temps, que pourrait-il craindre de l'avenir ? (V15. p. 15).[15]

Aquí, la alegría extática de Marcel no es sensorial, sino más bien metafísica. La alegría no se debe a la sensación presente, no a la degustación de la magdalena empapada en té en un día lluvioso, sino al hecho de que Marcel puede evocar un trozo de memoria del pasado, con toda su fuerza y vivacidad, y evitar así que el tiempo se pierda irrevocablemente. Pero entonces, como trataré más adelante en la sección IV, la memoria involuntaria de Marcel difiere radicalmente de la culturización consciente de Pater, ya que no ha entrenado activamente su facultad receptiva para captar el presente, sino que confía en su truco mágico para recuperar lo que no ha vivido conscientemente. El enfoque de Marcel nos proporcionará un ejemplo negativo que sirve para iluminar lo que requiere el auténtico cultivo del conocimiento.

Aunque la receptividad estética ya es un tema predominante en el Romanticismo, para Baudelaire la receptividad se convierte en un lugar aún más importante de autodidactismo en la era moderna, cuando la sensación urbana es vasta y siempre cambiante. En cuanto a las opciones entre receptividad estética y acción, Baudelaire equilibra cuidadosamente, y con tanta gracia ambas exigencias contradictorias que casi parecen no ser problemáticas. En su célebre ensayo "Peintre",[16] Baudelaire elogia al pintor Constantin Guys por su pasión por las sensaciones urbanas fugaces, y comenta la cultivada curiosidad de Guys por las meras apariencias de las multitudes, sus movimientos y sus vestidos a la moda, como "l'enfance retrouvée à volonté" (62). Sin embargo, para Baudelaire el verdadero arte debe pasar por el proceso de idealización, y por tanto el pintor

---

[15] Marcel Proust, *À La Recherche Du Temps Perdu*, 15 vols. (Gallimard, 1946).
[16] Baudelaire, *Œuvres Complètes de Charles Baudelaire*, III:51–114.

Guys debe pintar de memoria y no a partir del modelo: "En fait, tous les bons et vrais dessinateurs dessinent d'après l'image écrite dans leur cerveau, et non d'après la nature" (75). Guys's art is "L'art mnémonique" (73):

> Et les choses renaissent sur le papier, naturelles et plus que naturelles, belles et plus que belles, singulières et douées d'une vie enthousiaste comme l'âme de l'auteur. La fantasmagorie a été extraite de la nature. Tous les matériaux dont la mémoire s'est encombrée se classent, se rangent, s'harmonisent et subissent cette idéalisation forcée qui est le résultat d'une perception enfantine, c'est-à-dire d'une perception aiguë, magique à force d'ingénuité! (67)

Por inocente que sea la perspectiva infantil de Guys, Baudelaire insiste en que es la perspectiva del artista la que está dando forma al material natural. Si bien es cierto que Guys cultiva apasionadamente su facultad receptiva para acoger las sensaciones fugaces de la modernidad, el artista humano sigue siendo aquí sin lugar a dudas el Creador de su obra de arte.

Al igual que Baudelaire, Pater aboga por el cultivo de la propia facultad receptiva, pero la exhortación de Pater se basa en su comprensión psicológica de que nuestra conciencia es muy estrecha y apenas puede ser consciente de todo lo que pasa. Aunque la "Conclusión" de Pater a *Renacimiento* es muy anterior a la obra de James, el argumento muestra aquí una fuerte afinidad con la psicología empirista. Pater lamenta el efecto selectivo y angosto de la conciencia que impide nuestro contacto directo con el mundo:

> Y si continuamos deteniéndonos en pensamientos sobre este mundo, no de objetos en la solidez con que el lenguaje los inviste, sino de impresiones inestables, parpadeantes, inconsistentes, que arden y se extinguen con nuestra conciencia de ellas, se contrae aún más; todo el ámbito de la observación se empequeñece a la estrecha cámara de la mente individual. ("Conclusión," 248)

Para impregnarse de la sensación fugaz, Pater busca deshacer nuestra propensión cognitiva, que solo ve lo que vemos habitualmente y pasa por alto la plenitud del mundo fantástico.

Al igual que Baudelaire, que define la modernidad como esa curiosidad infantil perpetuamente sedienta de sensaciones fugaces, Pater tiene varios métodos de autodidactismo, uno de los cuales se articula en la fórmula de la "observación aguda y ávida," para estar "siempre presentes en el foco" cuando nos sorprenda un momento perfecto: "Cada momento, alguna forma se vuelve perfecta en la mano o en el rostro; algún tono en las colinas o en el mar es mejor que el resto; algún estado de ánimo de pasión o perspicacia o excitación intelectual es irresistiblemente real y atractivo para nosotros, solo por momentos" ("Conclusión," 249). Sin embargo, de forma más radical, a diferencia del pintor de Baudelaire que sublima la sensación fugaz con la acción artística, para Pater es la belleza de las sensaciones la que nos redime de nuestra mortalidad. El siguiente pasaje se cita con frecuencia, pero a menudo se pasa por alto su matizado significado:

> Lo que es real en nuestra vida se reduce a una brizna trémula que se reforma constantemente en la estela, a una sola impresión nítida, con un sentido en ella, una reliquia más o menos fugaz, de esos momentos pasados. Es con este movimiento, con el paso y la disolución de impresiones, imágenes, sensaciones, que el análisis se detiene, ese continuo desvanecerse, ese extraño, perpetuo, tejer y destejer de nosotros mismos. (249)

Con su fuerte afinidad empirista, Pater no presenta aquí, sin embargo, una imagen del yo que, como sostiene Judith Ryan, simplemente se desvanece sin dejar restos.[17] Más bien, cuando todo se desvanece, la única huella nítida es como una brizna trémula que aún permanece y flota en nuestra estela de sensaciones—la huella nítida permanece con nosotros durante más tiempo, ya que se graba en nuestra memoria. Esta aguda impresión se reforma constantemente al interactuar con nuestra experiencia actual, pero luego, al seguir siendo pulida por el tiempo, lo más preciado para nosotros acabará por *refinarse*. Este es el proceso de cómo la aguda huella nos desteje y reteje continuamente a nosotros mismos. En otras palabras, en el flujo del tiempo en el que todo pasa, nuestra única salvación es apoderarnos de las impresiones nítidas, como joyas de piedras preciosas, y que permanezcan con nosotros durante más tiempo, para que podamos recordarlas y atesorarlas, así habremos vivido de verdad.

Roger Fry teoriza las pinturas impresionistas como los esfuerzos artísticos por captar la sensación fugaz precisamente tal y como se presenta a nuestros ojos, antes de que nuestro ego trascendental —de hecho, nuestra tendencia perceptiva habitual—convierta la sensación en bruto en objetos cotidianos. Ver realmente una puesta de sol en el campo requiere que prestemos atención a los colores de la luz del sol y a las formas de las nubes que solo existen para el momento único, pasajero e irrevocable.

---

[17] Ryan, *The Vanishing Subject*, 28.

En la dirección, de impedir que la mente dé el paso de las sensaciones a las cosas, un paso tan natural y, debido a las necesidades de la vida cotidiana, tan necesario que se ha vuelto bastante instintivo. La pintura, pues, tiende cada vez más a descansar sobre la sólida base de las apariencias, que son para ella las únicas realidades últimas, y se niega a enredarse en las abstracciones hipotéticas de la vida ordinaria. De hecho, está dejando de intentar la hazaña imposible de eliminar el factor humano de la experiencia[18]

La teorización que Fry hace del impresionismo es filosóficamente rigurosa y muestra una gran afinidad con la psicología empírica. Para Fry, los pintores impresionistas pretenden permanecer en el nivel de la apariencia perspectiva antes de que nuestra conciencia la organice en objetos. Esta es la forma de escapar de la trampa kantiana, y por esta misma razón, Fry valoriza la pura apariencia sensual de las cosas, antes de que entre en nuestro intelecto, como "las únicas realidades últimas." Por el contrario, nuestro reconocimiento intelectual de los objetos cotidianos se representa más bien en "abstracciones hipotéticas." Aunque tanto nuestra percepción preconsciente de la apariencia sensual como nuestra organización intelectual de la misma en objetos son experiencias humanas, Fry concede a la primera el estatus ontológico más elevado de "única realidad definitiva" porque no ha sido filtrada a través del ego kantiano. Notablemente, Fry también considera el acto de observar y de pintar la apariencia sensual primigenia como un acto de cultivación estética— o importante aquí no es tanto la obra de arte, sino la transformación del pintor: mediante el acto de pintar el pintor puede entrenar al yo para que *descanse* más en la apariencia sensual y *rechace* la cognición trascendental. Podemos volver a leer las palabras de Fry para captar aquí su sentido del imperativo: "*La pintura*, pues, tiende cada vez más a descansar sobre la sólida base de las apariencias, que son, para sus fines, las únicas realidades definitivas, y se niega a enredarse en las abstracciones hipotéticas de la vida ordinaria." A través del acto de observar y de pintar la experiencia sensual pasajera, el pintor acabará transformándose en un artista capaz de vivir al nivel de la sensación más primigenia. Fry eleva la receptividad por encima de la agencia organizadora del artista. La autocreación tan radical es una de las formas posthumanistas que el artista elige para relacionarse con el mundo.

El ideal estético último de Woolf es muy similar al que Roger presenta aquí: permanecer por completo en el nivel preconsciente anterior a la división sujeto-objeto, y quedarse con la corriente de pensamientos y sensaciones. La corriente de pensamientos de Woolf favorece el mundo subjetivo de los

---

[18] Roger Fry, *A Roger Fry Reader* (University of Chicago Press, 1996), 14, énfasis mío.

personajes a costa de la estructura organizadora tradicional de la novela, como la cronología y la trama. Pero Woolf no es una idealista ni una escritora de interioridades psicológicas. La corriente de pensamientos de sus personajes está ocasionada por las escenas presentes y fluye libremente entre el recuerdo y la retrospección, y, como el recuerdo también es involuntario, sirve para registrar las actividades psicológicas preconscientes antes y más allá de la razón trascendental. En su novela *La señora Dalloway*, Clarissa Dalloway medita sobre su antiguo amante mientras pasea por las calles de Londres:

> Porque podían estar apartados durante cientos de años, ella y Peter; ella jamás escribía una carta y las de él eran más secas que un palo; pero de repente le venía a la cabeza, si él estuviera conmigo ahora ¿qué diría? — unos días, unas vistas que le traían a él de vuelta a ella con calma, sin la antigua amargura; lo que tal vez era la recompensa de haber cuidado a la gente; volvieron en medio de St. James's Park una bonita mañana— de hecho, así fue.[19]

Clarissa es un medio pasivo, que registra los pensamientos y la memoria tal y como le llegan. Esta fiel descripción de la corriente de pensamientos de Clarissa contrasta fuertemente con la del pintor de Baudelaire, que afirma su representación organizando las materias primas con la perspectiva autoral. Aquí la personalidad de Pater se presenta en el contexto de la corriente de pensamientos de Clarissa, que se compone de un tapiz que entreteje diferentes capas fisiológicas: de la escena que desencadenaría el viejo recuerdo, de la emoción presente que acompaña e interpreta el recuerdo, de la profunda conexión que aún existe entre Pater y Clarissa. Para Woolf, escribir la corriente de impresión es una forma de comprender cómo el yo encarnado no es permeable y forma parte del mundo—donde las sensaciones y los estados de ánimo presentes pueden evocar y reinterpretar la memoria pasada, mientras ella permite que su conciencia siga y fluya con todo.

Desde Baudelaire, que afirma la perspectiva individual del artista, hasta Woolf, que observa pasivamente al yo como el medio que en cada momento responde a lo que le rodea, los artistas modernistas ofrecen una rica gama de respuestas a una modernidad de sensaciones fugaces, y, a menudo, a través del cultivo de la propia facultad estética. A continuación, analizaré cómo la literatura, a diferencia de la filosofía, proporciona un modo de razonamiento único para responder al enigma metafísico: mientras que la filosofía presupone una verdad universal, la literatura hace hincapié en que la forma en que uno responde a las condiciones existenciales es más bien una elección individual.

---

[19] Virginia Woolf, *Mrs. Dalloway* (London: The Hogarth Press, 1947), 9.

III. Retrato Imaginario de Pater

El género que Pater diseña específicamente para explorar cómo el héroe puede contemplar distintas ideas filosóficas, deducir de las ideas sus implicaciones y, lo que es más importante, poner en práctica las ideas mediante el cultivo del yo, se llama retratos imaginarios. Este género abarca todas sus principales obras de ficción, entre ellas "El niño en la casa: Un retrato imaginario" (1878),[20] su colección de novelas *Retratos imaginarios* (1887), su novela en dos volúmenes *Marius el Epicúreo* (1885), y su novela inacabada *Gaston de Latour* (1896). Los estudios recientes sobre este género de retrato imaginario se centran sobre todo en la "hibridación artística" o la "interacción de las artes hermanas, la literatura y la pintura" en el contexto del arte total finisecular o de las novelas victorianas, por ejemplo, como Eliza Bizzotto comenta "el retrato imaginario[...] debería haber permitido al público percibir o, mejor aún 'ver' a su protagonista como en un retrato pictórico".[21] Pero mi discusión sigue la dirección de William E. Buckler de que el retrato se refiere no tanto a lo pictórico como a "la dimensión narrativa de la pintura al dibujar los lineamientos psíquicos de un personaje"; mientras que el adjetivo *imaginativo* se refiere a "las condiciones particulares o relativas de la ficción" a las que el héroe responde con sentimientos y pensamientos (183).[22] El retrato imaginario como género es un laboratorio en el que la experiencia humana se pone a prueba y se transcribe en respuesta a circunstancias imaginativas, tal y como Pater señala célebremente en una carta a George Grove, fechada el 17 de abril de 1878, después de entregarle el manuscrito de "El niño en la casa: "Llamo al M.S. un retrato, y pretendo que los lectores, como podrían hacer al ver un retrato, empiecen a especular: ¿qué salió de él"?[23]

Como señala Buckler, el "último fin" de los retratos imaginarios es "la aplicación de las ideas a la vida."[24] Más concretamente, en el *Marius el Epicúreo* [25] de Pater, el héroe es el que se embarca en una exploración espiritual, el que

---

[20] Walter Pater, *A Child in the House: An Imaginary Portrait* (Oxford: H. Daniel at his Private Press, 1894).

[21] Eliza Bizzotto, "The Imaginary Portrait: Pater's Contribution to a Literary Genre," en *Walter Pater: Transparencies of Desires*, ed. Laurel Brake, Lesley Higgins, y Carolyn Williams (ELT Press, 2002), 213–14. Para argumentos que sigan esta línea, véase, Martine Lambert-Charbonnier, "Poetics of Ekphrasisin Pater's 'Imaginary Portraits'," ibid.; Lene Østermark-Johansen, "Pater and the Painterly: Imaginary Portraits," *English Literature in Transition, 1880-1920* 56, no. 3 (2013), E. Clements y L. Higgins, *Victorian Aesthetic Conditions: Pater Across the Arts* (Springer, 2010).

[22] William E. Buckler, *Walter Pater: The Critic as Artist of Ideas* (New York: New York University Press, 1987), 183.

[23] Walter Pater, *Letters of Walter Pater*, ed. Lawrence Evans (Oxford: Clarendon Press, 1970), 30.

[24] Buckler, *Walter Pater*, 181.

[25] Walter Pater, *Marius the Epicurean: His Sensations and Ideas* (Macmillan, 1913).

contempla, palpa y pone a prueba todas las ideas filosóficas en su búsqueda, y se pregunta cuál es la experiencia consecuente si uno adopta estas ideas. En la época en que Pater estaba componiendo su *Marius el Epicúreo*, escribe a Vernon Lee y discute el propósito de este género singular: "saber hacer que los teoremas intelectuales parezcan la esencia vital de los objetos concretos, sensuales, de los que se han abstraído."[26] Pater pretende situar las teorías abstractas en la vida concreta porque cree que el sentido de la filosofía no reside en el "conocimiento absoluto o trascendental", sino que funciona "sugiriendo preguntas que ayudan a detectar la pasión, la extrañeza y los dramáticos contrastes de la vida"[27] El género de los retratos imaginarios también permite a los diversos personajes de Pater contemplar posturas filosóficas contradictorias, impulsadas por los dramáticos contrastes de la vida. Para un artista moderno, es más importante cortejar nuevas teorías y saborear nuevas experiencias que ser fiel a un determinado sistema coherente de pensamiento.

Como novela modernista, *Marius el Epicúreo* se aleja de la tradición mimética hacia una autorreflexividad hacia el interior. En un pasaje casi meta-ficcional, Pater concede a Marius una conciencia de lo que vendría de él al poder intuir el significado y las consecuencias de todas las experiencias por las que ha pasado: "Y si puedes imaginar cómo, una vez en cierto modo, un muchacho impresentable podría tener un *presentimiento*, una intimación mística interior, del significado y las consecuencias de todo aquello, lo que estaba implícito en ello volviéndose explícito para él, concibes correctamente la mente de Marius" (cap. 1, p. 16). Marius contempla todos los pensamientos y acontecimientos que ha vivido, articula sus implicaciones filosóficas implícitas en "todo lo que"— y este personaje ficticio es el mecanismo de Pater para poner a prueba la filosofía en la esfera de la vida. El propósito del viaje espiritual no es encontrar la verdad absoluta y universal, sino abrir el ser-en-el-mundo como un campo de creación y transformación constante. La estética de Pater podría definirse, en efecto, como una creación del yo, que encarna "en forma de relato la autoconciencia radical del devenir del alma."[28] Es decir, en la mente de Pater, la aportación de *Marius* es formal o metodológica, y sirve para poner a prueba cualquier idea intelectual a través de la experiencia de la vida, en lugar de, como sostiene Matthew Kaiser, presentar los contenidos encantadores y seductores con razonamientos engañosos.[29] Los eruditos han discutido ampliamente los

---

[26] Walter Pater, *Letters of Walter Pater*, ed. Lawrence Evans (Oxford: Clarendon Press, 1970), 54, énfasis en el original.

[27] Pater, *The Renaissance: Studies in Art and Poetry*, 242.

[28] Buckler, *Walter Pater: The Critic as Artist of Ideas*, 249.

[29] Matthew Kaiser, "Marius at Oxford: Paterian Pedagogy and the Ethics of Seduction," en *Walter Pater: Transparencies of Desire*, ed. Laurel Brake, Lesley Higgins, and Carolyn Williams (ELT Press, 2002), 189.

fundamentos filosóficos de Pater,[30] pero el enfoque único de la filosofía de Pater, lo que David Carrier llama "el arte de vivir"[31] o Hext denomina "autocultura,"[32] aún no se ha explorado a fondo.

Los propósitos del género son mostrarnos la motivación afectiva y la responsabilidad personal al afiliarse a una creencia metafísica y, además, el refinamiento estético necesario para estar a la altura de una idea. Dos motivos interrelacionados que son importantes para el proyecto de Pater son que pretende traducir las posturas metafísicas en opciones éticas y cultivo estético. En primer lugar, al situar las ideas en el laboratorio de la vida humana, Pater subraya cómo nuestro temperamento influye en nuestra recepción de ideas, "su admisión en la casa del pensamiento" (capitulo 8, 136), así como el papel del sentimiento que traduce "un precepto sobre cómo sería mejor sentir y actuar" (ibid., 135). Es decir, una idea nos importa no solo porque sea cierta, sino porque atrae a una determinada personalidad y, en consecuencia, conformará para nosotros un modo de vida, así como una forma de ver y sentir la vida. En segundo lugar, siempre es necesaria una educación estética para estar verdaderamente a la altura de una idea. Si uno decide adherirse a una idea, lo que sigue no es que esta idea sea aplicable universalmente, sino que la idea llame a su verdadero discípulo a través de una transformación del yo.

Para Pater, nuestra atracción y recepción de las ideas filosóficas es un proceso subjetivo, que tiene que ver con nuestro temperamento y experiencia afectiva. Pater rechaza la ética kantiana que sostiene que un verdadero imperativo ético debe ser universalmente aplicable, eficaz incluso sobre el sujeto más desinteresado. Más bien, a través del género del retrato imaginario, Pater pretende subrayar las condiciones afectivas de cualquier creencia metafísica. Tras la muerte de su querido amigo Flaviano, Marius aprende a contrastar las ideas que hereda con su experiencia de la vida y, al igual que su autor Pater, para Marius la experiencia concreta siempre se siente más real que cualquier teoría metafísica. Aquí Marius descubre que "la religión de su infancia"— la

---

[30] Para los estudiosos que se toman en serio la filosofía de Pater, véase Carolyn Williams, *Transfigured World: Walter Pater's Aesthetic Historicism* (Cornell University Press, 1989); Hext, *Walter Pater: Individualism and Aesthetic Philosophy*. No estoy de acuerdo con la evaluación de Gabriel Roberts de que "la escritura de Pater, habiendo sido elaborada principalmente con una atención a la sensualidad y la forma, posee poco contenido sustantivo de cualquier tipo" (410). Gabriel Roberts, "'Analysis Leaves off': The Use and Abuse of Philosophy in Walter Pater's 'Renaissance,'" *The Cambridge Quarterly* 37, no. 4 (2008): 407–25.

[31] David Carrier, "Walter Pater's 'Winckelmann,'" *Journal of Aesthetic Education* 35, no. 1 (2001): 99.

[32] Kate Hext, *Walter Pater: Individualism and Aesthetic Philosophy* (Edinburgh, UK: Edinburgh University Press, 2013), 165.

creencia en el alma eterna—"parecía totalmente insostenible" cuando experimenta la realidad real de la muerte de Flaviano. La conmovedora experiencia proporciona a Marius la primera propensión teórica, como "materialista," que yace en el fondo de todos sus razonamientos posteriores y de la recepción de ideas:

> Era al sentimiento del cuerpo, y a los afectos que definía— a carne, de cuya fuerza y color esa errante alma platónica no era más que un frágil residuo o abstracción— a lo que debía aferrarse. Los diversos rasgos patéticos del amado, sufriente y perecido cuerpo de Flaviano, tan profundamente ponderados, le habían convertido en un materialista, pero con algo del temperamento de un devoto. (cap. 8, p.125)

Aquí la motivación sentimental es tan importante como la propia idea, ya que el materialismo de Marius está moldeado por su devoción al cuerpo de Flaviano, hermoso, pero terriblemente frágil. Tras la muerte de Flaviano, Marius busca entre las antiguas escuelas de pensamiento que expliquen el misterio de la vida transitoria, y sintetiza los pensamientos de Heráclito, Protágoras y Cireneo, todos ellos regidos por un escepticismo que rechaza el conocimiento de lo que hay más allá de "las condiciones de la vida del hombre" (cap. 8. p.133). El temperamento humano y la experiencia pasada son los que interpretan para una doctrina metafísica su importación ética, y dirigen así el programa específico del cultivo estético. La recepción de las ideas por parte de Marius siempre está teñida por "el profundo materialismo original o terrenalidad de la propia naturaleza humana, ligada [sic] muy íntimamente al mundo sensual" (cap.8, p.146). Por el contrario, el emperador estoico Marco Aurelio, a quien Marius conoce pronto, aunque también creía en la transitoriedad de la vida, traduce la misma doctrina metafísica en un precepto espiritual completamente diferente: "'el mundo y el que piensa en él, se consumen como una llama', dijo Aurelio, 'por eso apartaré mis ojos de la vanidad: renunciaré, me retiraré igualmente de todo (cap. 27, p. 201). Respondiendo a la misma idea metafísica de que la vida es pasajera, el género definitivo de Pater argumenta con fuerza que son el temperamento individual, la experiencia y la motivación sentimental de cada uno los que dan forma a lo que la idea conlleva— es decir, cómo, pues, debe uno conducir su vida si ha de adherirse a una idea determinada.

La meditación de Marius sobre la filosofía cirenaica articula lo que podría considerarse la esencia de los esfuerzos estéticos de Pater, de "traducir los pensamientos abstractos del maestro en términos, ante todo, de *sentimientos*" (cap. 8, p. 135, énfasis en el original). Pater cree que este sentimiento es lo que revela a una persona el significado ético de una postura metafísica y, por tanto, transforma la idea abstracta en prácticas afectivas.

A veces se ha visto, en la historia de la mente humana, que cuando se traducen así en términos de sentimiento—de sentimiento, como si ya estuvieran a medio camino de la práctica—las ideas abstractas de la metafísica revelan por primera vez su verdadero significado. El principio metafísico, en sí mismo, por así decirlo, sin manos ni pies, se vuelve impresionante, fascinante, de efecto, cuando se traduce en un precepto sobre cómo sería mejor sentir y actuar; en otras palabras, bajo su equivalente sentimental o ético. (ibid.)

Al introducir la filosofía en la vida, Marius moviliza las ideas metafísicas hasta convertirlas en una forma de sentir las cosas y de comportarse, e incluye así la totalidad de su vida en el dominio de la contemplación ética. El retrato imaginario de Pater sirve para delinear una relación íntima entre idea y significado, para traducir una verdad metafísica abstracta en prácticas afectivas y para hacer de la vida una obra de arte trazando estas conexiones entre sentimientos, prácticas estéticas, creencias espirituales y principios metafísicos.

Para Marius, ser un esteta significa vivir una vida examinada. El temperamento y la experiencia de Marius deciden para él la recepción de una idea y cómo esta debe prescribirle un conjunto de prácticas para vivir su vida. Siguiéndola, debe estar a la altura de su idea mediante el refinamiento estético. El régimen de la educación estética es una "consecuencia práctica" de una doctrina filosófica. En *Marius el Epicúreo*, la educación estética se define como el desarrollo y el refinamiento de nuestra sensibilidad.

La vida como fin de la vida, seguía, como consecuencia práctica, la conveniencia de refinar todos los instrumentos de la intuición interior y exterior, de desarrollar todas sus capacidades, de probarse y ejercitarse en ellos, hasta que toda la naturaleza se convirtiera en un medio complejo de recepción, hacia la visión— la "visión beatífica", si realmente nos preocupáramos por hacerla tal— de nuestra experiencia real en el mundo. (cap. 8, p. 143)

Para Marius, esta misma educación estética que eleva la propia experiencia a una visión beatífica es un medio de redención cuando uno se enfrenta al predicamento empirista. Los predicamentos empiristas contemporáneos en la novela están etiquetados como metafísica cirenaica, los límites de doble frente que "todo lo que es real en nuestra experiencia no es más que una serie de impresiones que huyen" pero también "nunca debemos ir más allá de las paredes de la celda estrechamente cerrada de la propia personalidad" (cap. 9, p. 146). Frente a sensaciones antropomórficas y fugaces, un mundo seguro ni para el intelecto ni para el sentido, Marius fundamenta firmemente el sentido en la transformación subjetiva:

Con este punto de vista, exigiría cultura, *paideia*, como decían los cirenaicos, o, en otras palabras, una educación amplia, completa— una educación en parte negativa, como determinación de los verdaderos límites de las capacidades del hombre, pero en su mayor parte positiva, y dirigida especialmente a la expansión y el refinamiento del poder de recepción; de aquellos poderes, sobre todo, que son inmediatamente relativos a los fenómenos fugaces, los poderes de la emoción y el sentido. (cap. 9, p. 147)

Marius transforma los predicamentos metafísicos en un imperativo sobre su educación estética: si las sensaciones son fugaces y nuestra atención muy selectiva, entonces la única forma de captar un poco mejor la experiencia pasajera es ampliando y refinando nuestras facultades de recepción. En otro pasaje de *Platón y el Platonismo*, Pater articula aún más claramente la conexión entre estética y ética, que el propósito del arte reside en este cultivar el propio yo. El régimen de la educación estética difiere en el contexto de la discusión de Pater, ya que en sus conferencias sobre el platonismo, la educación estética no se compone de un entrenamiento de las propias facultades receptivas, sino, de forma similar al dandismo de Baudelaire, un control riguroso de los propios modales y de poner orden en el apasionado cuerpo de uno mismo:[33]

Y la estética platónica, ¡recuérdelo! Como tales, están incluso en estrecha relación con la ética de Platón. Se propone colorear la vida misma, la acción y el carácter; introducir algo de esa conciencia irreprimible del arte, en el curso general de la vida, sobre todo en sus actos enérgicos o apasionados. (183)

En cualquier caso, Pater nos muestra cómo una creencia metafísica se traduce en un régimen de educación estética, basado en el temperamento y la experiencia personal del héroe. Los héroes de Pater tratan de fomentar relaciones significativas con el mundo no a fuerza de lo dado, sino de lo que se puede crear y vivir intencionadamente, incluso frente a predicamentos metafísicos insuperables. Al fomentar una síntesis de ética, estética y epistemología, el proyecto de Pater sería de interés para el creciente campo de la epistemología de la virtud en el mundo académico actual. El proyecto de Pater explora lo que Abrol Fairweather denomina "motivación epistémica"— es decir, las condiciones afectivas en las que uno acepta una idea y la transforma en una creencia personal, y defiende lo que Lorraine Code denomina

---

[33] Walter Pater, *Plato and Platonism: A Series of Lectures* (Adelaide: Cambridge Scholar Press, 2002).

"responsabilidad epistémica"— o sea, que uno es éticamente responsable de su creencia intelectual.[34]

En el *Bildungsroman*, el héroe Marius comienza su educación estética con un hambre epicúrea por las hermosas sensaciones, pero gradualmente desarrolla la *simpatía*—la capacidad de sentir la realidad para los Otros como para uno mismo—como lo que uno puede "sostener" contra la doctrina empirista, "incluso en la disolución de un mundo, o en esa disolución de uno mismo, que es, para cada uno, no menos que la disolución del mundo que representa para él" (cap. 25, p.181). La simpatía de Marius se origina en su vínculo terrenal con el mundo sensual, que parece un apego más fuerte que las dudas metafísicas del empirismo, las cuales le convencen de que el mundo es real:

> Entonces, él, al menos, en quien esas impresiones fugaces— caras, voces, el sol material— eran muy reales e imperiosas…. En medio de dudas metafísicas abstractas, en cuanto a lo que podría haber un solo paso más allá de esa experiencia, reforzando el profundo materialismo original o terrenalidad de la propia naturaleza humana, ligada [sic] tan íntimamente al mundo sensual, que al menos aprovechara al máximo lo que había "aquí y ahora". (Ch. 9, p.146)

Incluso en las críticas más recientes, Marius carga con una reputación idealista, ya que Romana Byrne escribe que "en *Marius*, la barrera que la subjetividad erige entre el yo, los demás y una realidad objetiva se detalla con un tono condescendiente en el que la percepción subjetiva se aprecia como un refinamiento de la vulgaridad objetiva."[35] Pero yo sostengo que la educación estética de Marius traza precisamente cómo Marius supera su tendencia idealista a medida que cultiva su receptividad estética de las sensaciones materiales y como, más tarde, esta receptividad crece hasta convertirse en un amor desinteresado hacia el mundo en general. Marius justifica su carrera literaria como una vocación "para satisfacer, con una especie de escrupulosa equidad, las pretensiones de estos objetos concretos y reales sobre su simpatía, su inteligencia, sus sentidos", así como para "convertirse en el intérprete de ellos para los demás" (Ch. 9, p.152). Por simpatía, Marius acaba sacrificándose por el amor de su amigo cristiano, Cornelio. En su lecho de muerte, Marius es

---

[34] Abrol Fairweather, "Epistemic Motivation," en *Virtue Epistemology: Essays on Epistemic Virtue and Responsibility*, ed. Linda Trinkaus Zagzebski and Abrol Fairweather (New York: Oxford University Press, 2000), 63–81; Lorraine Code, *Epistemic Responsibility* (Hanover, N.H: Published for Brown University Press by University Press of New England, 1987).

[35] Romana Byrne, "Sadistic Aestheticism: Walter Pater and Octave Mirbeau," *Criticism* 57, no. 3 (2016): 411.

bendecido con la paz mental al pensar en las personas a las que ha amado, en cómo las ha amado él en lugar de como le han amado a él: "todas las personas a las que había amado en la vida—[contemplando] "todas las personas a las que había amado en la vida-[contemplando] en su amor por ellas... más que en el de ellas por él" (Ch. 28, p. 216-17). Su amor hacia el mundo se convierte en el único salvamento del predicamento metafísico de la división sujeto-objeto: "En el mero sentido de haber amado parecía encontrar, incluso en medio de este naufragio de la nave, aquello en lo que su alma podía 'descansar y depender con seguridad'" (Cap. 28, p.217). Es también esta simpatía la que le otorga este sentimiento de inmortalidad, ya que puede "vincularse a las generaciones venideras en el mundo que abandonaba": "Sí, gracias a la supervivencia de sus hijos, los padres felices son capaces de pensar tranquilamente, y con un afecto muy práctico, en un mundo en el que no van a tener ninguna participación directa" (Ch. 28, p. 216).

Por supuesto, la simpatía en sí misma no es una solución metafísica que garantice el conocimiento de la certeza. Más bien, esta capacidad de identificarse con el Otro es una expresión concreta de *la estructura de la búsqueda perpetua*, la cualidad central de la educación estética de Marius y un sinónimo de las cultivadas facultades receptivas de Marius para contemplar diversas posturas teóricas. En la "Conclusión" a *Renacimiento*, Pater llama a una curiosidad perpetua no solo de los sentidos, sino también del intelecto: "lo que tenemos que hacer es estar siempre probando con curiosidad nuevas opiniones y cortejando nuevas impresiones, sin consentir nunca la ortodoxia fácil de Comte o de Hegel, o la *nuestra propia*" (120, énfasis añadido). Mientras que para Hegel la *Bildung* como espiritualidad de la Ilustración es un proceso educativo de "autoalienación" que avanza desde la propia disposición particular hacia lo universal,[36] Pater elimina el destino de lo absoluto y convierte la búsqueda de Marius en una huida perpetua hacia el Otro. Marius señala a menudo esta progresión perpetua como, a pesar de la ambientación de la novela en la Antigüedad, su modernidad:

> Estaba dispuesto a jactarse en el hecho mismo de que era moderno. Si en un arcaísmo voluntario, el mundo cortés de aquel día se remontaba a una generación más selecta, como suponía, con el fin de autocorregirse fastidiosamente, en materia de arte, de literatura e incluso, como hemos visto, de religión, al menos mejoraba, con un matiz o dos de acabado más escrupuloso, el viejo modelo; y la nueva era, como el *Neu-zeit* de los entusiastas alemanes a principios de nuestro

---

[36] G.W.F. Hegel, *Hegel's Phenomenology of Spirit*, trans. A.V. Miller (Oxford: Oxford University Press, 1977), 557.

propio siglo, podría tal vez discernirse, aguardando un solo paso hacia adelante— la nueva manera perfecta, en la consumación de los tiempos, tanto en lo que se refiere a las cosas de la imaginación como a la conducta real de la vida. (Capítulo IV, p. 48)

A diferencia de la concepción de Hegel de la *Bildung*, la novela no termina con Marius descansando en una verdad final y suprema. Más bien, como señalan Buckler y Judith Ryan,[37] promete una búsqueda sin fin y una transformación continua, "mientras que la persecución de un ideal como este exigía toda la libertad del corazón y del cerebro" (*Marius*, 48).

Al final de la novela, Marius se identifica como un espíritu moderno que busca constantemente expandirse mediante la búsqueda de lo desconocido. Del mismo modo que Baudelaire en su poema "Le Voyage" refunde el significado de la Muerte como una búsqueda de lo desconocido—"Ô Mort, vieux capitaine, il est temps! levons l'ancre!/.../ Au fond de l'Inconnu pour trouver du *nouveau*!"[38]—, Pater deja en blanco el contenido de la cultivada receptividad de Marius:

A lo largo de esa elaborada y vitalicia educación de sus facultades receptivas, había mantenido siempre el propósito de una autopreparación hacia una posible revelación ulterior, algún día, una visión más amplia... En ese momento, su despejada receptividad de alma, crecida tan constantemente a lo largo de todos esos años, de experiencia en experiencia, estaba en su apogeo; [...] Sin duda, el objetivo de una verdadera filosofía debe residir... en el mantenimiento de una especie de ingenuo descontento, ante el logro más elevado; el alma despejada y receptiva abandonando el mundo finalmente, con el mismo fresco asombro con el que había entrado en él todavía intacto, y siguiendo su ciego camino al fin con la conciencia de algún profundo enigma en las cosas, como su augurio de algo más por venir (Capítulo 28, p. 214-15)

El héroe moderno en su lecho de muerte fundamenta el sentido de la búsqueda no en una redención prometida, sino en su continuo cultivo espiritual, en su curiosidad profesada y en su reconocimiento declarado del profundo enigma de las ideas, las personas y las cosas con las que se encuentra. Del mismo modo que

---

[37] Buckler, *Walter Pater: The Critic as Artist of Ideas, 266; Judith Ryan, The Vanishing Subject: Early Psychology and Literary Modernism* (Chicago: University of Chicago Press, 1991), 37.

[38] Charles Baudelaire, *Les Fleurs du Mal* (Poulet-Malassis et de Broise, 1861), 312–13.

Marius rechaza cualquier compromiso firme con cualquier creencia metafísica excepto con la única doctrina formal— seguir cultivando sus poderes receptivos para nuevas ideas, nuevas impresiones—, el retrato imaginario de Pater sigue siendo un mecanismo literario para probar cómo se siente y a qué obliga cualquier idea durante una vida. Aquí, Pater sustituye la subjetividad universal kantiana por una estética del yo: el arte difiere de la metafísica en que traduce las ideas en sentimientos y prácticas, en que el sentido definitivo no es el conocimiento de la certeza, sino una búsqueda perpetua que impulsa a experimentar continuamente con nuevas posturas teóricas. La simpatía, o esta huida insaciable hacia el Otro, es la respuesta de Pater a la crisis metafísica de que la percepción es antropomórfica y la sensación, fugaz.

IV. Ironía de Proust

Tan sencilla es la exhortación de Pater a cultivar la propia facultad receptiva que su valor podría pasarse por alto sin una comparación negativa, que complementaré con un relato de Proust. *La Recherche* de Proust detalla la conversión del héroe del empirismo al idealismo, a una creencia idealista de que, como comenta Emmanuel Lévinas, "todo lo que se encuentra conmigo existe como procedente de mí."[39] Y, sin embargo, la motivación psicológica que Proust describe para tal conversión es que el idealismo es el único medio a través del cual uno puede poseer completamente el objeto del amor, concediéndole una existencia solo en la imaginación. Situando la idea filosófica en el laboratorio de la vida humana, describiendo la causa psicológica del idealismo como alguien que no puede soportar ningún misterio de las cosas materiales, la (auto)crítica irónica de Proust al idealismo no debería escapar a un lector perspicaz. De hecho, la novela delinea la ficción autofilosófica más irónica del idealismo, una que revela el idealismo no como cualquier creencia inocente en la pureza de la imaginación, sino como el sofisticado autoengaño de un héroe que, fascinado por la plenitud del mundo material pero incapaz de cumplir su condenado deseo de mantener cautivo a su objeto de amor, se convence a sí mismo de que la única forma de saborear el placer sensual sin miedo es apropiándoselo en el edificio de su memoria. La ironía de *Recherche*, si se lee como un relato psicológico del idealismo, es en efecto una "narración de su propia destrucción", por tomar prestado un término de Paul de Man,[40] que revela irónicamente la patética soledad del idealismo. La conversión final de Marcel es solo una convicción intelectual y

---

[39] Emmanuel Lévinas, "The Other in Proust," en *The Levinas Reader*, ed. Seán Hand (New York, NY: B. Blackwell, 1989), 164.
[40] Paul de Man, *Allegories of Reading: Figural Language in Rousseau, Nietzsche, Rilke, and Proust* (New Heaven: Yale University Press, 1979), 77.

no un refinamiento espiritual; una incredulidad forzada en la realidad del objeto sensual más que un valor para anticipar para siempre, como escribe Pater, "algún enigma profundo en las cosas". En la presente sección se analiza el incisivo psicoanálisis que Proust hace del idealismo, y para acentuar de nuevo el valor del cultivo espiritual con un ejemplo de su contrapartida negativa, la de la convicción intelectual

À la recherche du temps perdu[41] comienza con el problema central de la psicología empirista, es decir, que nuestro intelecto no puede captar sensaciones que son constantemente efímeras. Marcel lamenta que su intelecto no pueda recordar gran cosa del entorno sensual de su infancia, salvo el pasaje que su madre atravesará para besarle a las siete: "comme si Combray n'avait consisté qu'en deux étages reliés par un mince escalier et comme s'il n'y avait jamais été que sept heures du soir." (V1, p. 64). Y, sin embargo, a diferencia de Pater y Woolf, que se dedican a entrenar su facultad receptiva para abrirse al presente fugaz de "lanzarse a la corriente,"[42] Marcel se preocupa por el problema de la posesión, de retener en su mente, en forma de recuerdo, el tiempo irrevocablemente perdido.

Para Marcel, no hay certeza en el conocimiento si todo está en constante cambio y, por ello, solo su memoria, que está por encima del tiempo, por subjetiva y solitaria que sea, podría compensar esta crisis metafísica. Y sin embargo, para Marcel, su solipsismo no es una postura filosófica predeterminada, no es una creencia intelectual simplemente porque sea cierta. Es más bien una actitud adquirida, de hecho, una estrategia de supervivencia, tras una serie de desgarradores fracasos en sus relaciones amorosas. Marcel comienza su *Recherche* creyendo en la objetividad del amor, en que su placer se origina y reside en el objeto de su amor. Pero entonces se da cuenta de que nunca podrá tomar plena posesión de su objeto de amor, cuya interioridad consiste en la corriente fluida de pensamientos de la que nunca puede apoderarse. Para Marcel, la incertidumbre empirista se manifiesta principalmente en el aspecto de que no conoce los pensamientos siempre cambiantes de otras personas, sobre todo porque la psicología empirista no se niega a reducir a la persona a una identidad fija, sino que conceptualiza el yo como el paso rápido y siempre cambiante de nuestra corriente de pensamientos. Totalmente fracasado en su

---

[41] Marcel Proust, *À la Recherche du temps perdu*, 15 vols. (Gallimard, 1946).
La edición de Gallimard se divide en 7 libros pero se publica en 15 volúmenes: I. *Du côté de chez Swann* (V1-V2). II. *À l'ombre des jeunes filles en fleurs* (V3-V5). III. *Le Côté de Guermantes* (V6-8). IV. *Sodome et Gomorrhe* (V9-V10). V. *La Prisonnière* (V11-V12). VI. *Albertine disparue* (titre original : *La Fugitive*) (V13). VII. *Le Temps retrouvé* (V14-V15).
[42] Walter Pater, *Marius the Epicurean: His Sensations and Ideas* (Macmillan, 1913), Cap. 8, p. 139.

intento de poseer por completo a su amada captando exhaustivamente todas sus actividades interiores, Marcel acaba por volverse sobre sí mismo para reconocer que sus sentimientos de amor se originan en su interior, y que al menos tiene acceso a sus propios sentimientos. Deleuze documenta cómo este solipsismo acaba convirtiéndose en arte idealista, y llama al viaje patológico de Marcel su "aprendizaje" del arte.[43] Pero yo sostengo que es precisamente al situar el idealismo en el contexto de la persecución amorosa de Marcel, en el género de la ficción autofilosófica, cuando Proust revela el lastimoso límite del idealismo: que el discípulo del idealismo en el castillo de la memoria nunca puede regocijarse en la intimidad con la amada, que es, por mucho que Marcel lo niegue, su verdadero deseo. Aunque en la *Recherche* Marcel también ofrece su experiencia personal—su descubrimiento de la memoria involuntaria que trasciende el tiempo fugaz en este caso—para contrarrestar este enigma metafísico lo que Marcel hace es una mera "compensación subjetiva" que solo implica una conversión intelectual y ninguna verdadera transformación espiritual. Al final de la novela, Marcel confiesa que su supuesto "déficit" nunca ha mejorado—que no puede saborear el momento presente a menos que sea transportado a su mente.

Tres líneas de desarrollo atraviesan la *Recherche* épica: La búsqueda de Marcel de su memoria sensual, del amor y del arte. La búsqueda de Marcel de su memoria sensual es la más famosa de las tres citas, pero, como expondré más adelante, lo que realmente determina la postura idealista final de Marcel es su experiencia en el amor. Al principio de la novela, el héroe se propone recuperar la memoria sensorial almacenada en el objeto. *Recherche* comienza anunciando el propósito de la búsqueda del héroe con el famoso episodio de la magdalena, en el que Marcel, al tomar un bocado de la torta en forma de concha empapada en el té, experimenta un arrebato de memoria involuntaria que le devuelve vívidamente todas sus impresiones infantiles de Combray. Aquí Marcel cree en la objetividad de su memoria ya que la sensación se la da el objeto. Incluso sugiere que el recuerdo, al residir en el objeto, persistirá más tiempo que su propia existencia.

> Je trouve très raisonnable la croyance celtique que les âmes de ceux que nous avons perdus sont captives dans quelque être inférieur, dans une bête, un végétal, une chose inanimée, perdues en effet pour nous jusqu'au jour, qui pour beaucoup ne vient jamais, où nous nous trouvons passer près de l'arbre, entrer en possession de l'objet qui est leur prison. Alors elles tressaillent, nous appellent, et sitôt que nous les

---

[43] Deleuze, *Proust and Signs*, 26–38.

avons reconnues, l'enchantement est brisé. Délivrées par nous, elles ont vaincu la mort et reviennent vivre avec nous.

Il en est ainsi de notre passé. C'est peine perdue que nous cherchions à l'évoquer, tous les efforts de notre intelligence sont inutiles. Il est caché hors de son domaine et de sa portée, en quelque objet matériel (en la sensation que nous donnerait cet objet matériel) que nous ne soupçonnons pas. Cet objet, il dépend du hasard que nous le rencontrions avant de mourir, ou que nous ne le rencontrions pas. (V1, p. 64-65)

Contra el trasfondo empirista de que nuestro intelecto apenas es consciente de nuestra experiencia sensual, el leitmotiv de la memoria involuntaria sugiere aquí una estructura de apertura anhelante, un deseo de restauración, en la que el objeto material externo y distinto al yo debería, por azar y gracia, restaurar el pasado perdido.

Hacia el final de la novela, sin embargo, Marcel revisa su teoría inicial de la memoria involuntaria y argumenta con tono científico que, por supuesto, las cosas materiales no pueden retener para nosotros nuestros afectos y pensamientos. Refutando el mito celta, Marcel proclama al final de *Recherche* que su teoría inicial solo sería cierta si comprende firmemente que la realidad de su memoria existe en él mismo;[44] que las cosas físicas pueden traer de vuelta nuestra memoria pasada no en virtud de su poder sensual, sino porque su existencia actual sirve de señal para recordar nuestra memoria pasada:

Certains esprits qui aiment le mystère veulent croire que les objets conservent quelque chose des yeux qui les regardèrent, que les monuments et les tableaux ne nous apparaissent que sous le voile sensible que leur ont tissé l'amour et la contemplation de tant d'adorateurs pendant des siècles. Cette chimère deviendrait vraie s'ils la transposaient dans le domaine de la seule réalité pour chacun, dans le domaine de sa propre sensibilité.

Oui, en ce sens-là, en ce sens-là seulement ; mais il est bien plus grand, une chose que nous avons regardée autrefois, si nous la revoyons, nous rapporte, avec le regard que nous y avons posé, toutes les images qui le remplissaient alors. *C'est que les choses — un livre sous sa couverture rouge comme les autres — sitôt qu'elles sont perçues par nous,*

---

44 Para el perspectivismo filosófico de Proust, véase Duncan Large, "Epistemoptics: Proust's Perspectivism," in *Nietzsche and Proust: A Comparative Study* (Oxford University Press, 2001), 111–61.

deviennent en nous quelque chose d'immatériel, de même nature que toutes nos préoccupations ou nos sensations de ce temps-là, et se mêlent indissolublement à elles. (V15, p. 29-30, emphasis mine)

Un recuerdo involuntario invade a Marcel cuando, esperando encontrarse con el príncipe de Guermantes en su biblioteca, ve el libro rojo titulado *François le Champi,* que era el libro que la madre de Marcel le leía (omitiendo todas las escenas incestuosas) la noche en que el niño reunía por fin todas sus fuerzas para buscar la atención de su madre. El libro físico es para Marcel un signo que recuerda el *sensorium* en el que se situaba metonímicamente: el dormitorio del niño sensible, su temperamento propenso a soñar despierto, su angustia por los besos de su madre a la hora de dormir. Al final de la novela, Marcel concluye su búsqueda revisando la estructura de la memoria involuntaria desde una apertura que busca el yo perdido en los objetos materiales, a la de una apropiación idealista: en la medida en que las cosas son percibidas, proclama Marcel, son transferidas al ámbito inmaterial de nuestra sensibilidad. El éxtasis de Marcel ante el reflujo de su memoria no se debe al hecho de haberla vivido, sino más bien a que ahora puede elevar su vida pasada a un terreno inmaterial: el recuerdo es ahora, "débarrassé de ce qu'il y a d'imparfait dans la perception extérieure, pur et désincarné" (V15, p. 10-11).

Como sostiene Deleuze en *Proust and Signs,* el descubrimiento por parte de Marcel del mecanismo de la memoria involuntaria le inspira el camino del arte idealista. Esta dicha que eleva a Marcel por encima del tiempo que pasa prepara a Marcel para emprender su carrera de escritor, como comenta Deleuze: "En el arte, las sustancias se espiritualizan [es decir, se idealizan], los medios se desmaterializan. La obra de arte es por tanto un mundo de signos, pero son inmateriales y ya no tienen nada de opaco, al menos para el ojo del artista, el oído del artista."[45] El mecanismo de la memoria involuntaria conecta una sensación presente con recuerdos pasados y, por tanto, confiere a los recuerdos pasados su realidad concreta y otorga a estos recuerdos existencias especiales que son "réels sans être actuels, idéaux sans être abstraits" (V15, p. 15). Pero la conexión vuelve a *sustituir* la realidad presente por el recuerdo del perceptor, y Marcel comenta que esta sustitución le lleva por el camino del arte:

La nature elle-même, à ce point de vue, ne m'avait-elle pas mis sur la voie de l'art, n'était-elle pas commencement d'art, elle qui souvent ne m'avait permis de connaître la beauté d'une chose que longtemps après, dans une autre, midi à Combray que dans le bruit de ses cloches, les matinées de Doncières que dans les hoquets de notre calorifère à eau ?

---

[45] Deleuze, *Proust and Signs,* 50.

Le rapport peut être peu intéressant, les objets médiocres, le style mauvais, mais tant qu'il n'y a pas eu cela il n'y a rien eu. (V15, p. 37)

Del mecanismo de la memoria involuntaria, Marcel infiere la ley de la literatura, cuyo objetivo es encontrar la metáfora que conecte dos sensaciones diferentes, y esta conexión revelará la esencia de las cosas:

On peut faire se succéder indéfiniment dans une description les objets qui figuraient dans le lieu décrit, la vérité ne commencera qu'au moment où l'écrivain prendra deux objets différents, posera leur rapport, analogue dans le monde de l'art à celui qu'est le rapport unique de la loi causale dans le monde de la science, et les enfermera dans les anneaux nécessaires d'un beau style, ou même, ainsi que la vie, quand, en rapprochant une qualité commune à deux sensations, il dégagera leur essence en les réunissant l'une et l'autre, pour les soustraire aux contingences du temps, dans une métaphore, et les enchaînera par le lien indescriptible d'une alliance de mots. (V15, p. 37)

La metáfora que atraviesa el tiempo y sustituye lo real por lo ideal sirve para probar la agencia artística del narrador, si logra resumir en su totalidad la asociación metonímica que solo se dio por casualidad. Dicho más sencillamente, la metáfora de Proust no se aparta mucho de la tradición romántica: es una apropiación antropomórfica de un objeto sensual, reducido ahora a señal de un recuerdo pasado, al entrar en la visión poética del escritor.

Sin embargo, surgen dudas sobre si esta apropiación idealista puede realmente desligarse del origen material. Como sospecha acertadamente De Man, la metáfora que se produce por el recuerdo involuntario sigue siendo metonímica, contingente a la coincidencia dada por su encuentro fortuito y su experiencia pasada, aunque pretenda existir en el reino inmaterial del arte. La metáfora de Marcel se apropia de la vida real pero no puede desligarse de ella, y parece "extrañamente incapaz de permanecer refugiada dentro de esta clausura intratextual" (70). Del mismo modo, Deleuze[46] comenta que "las reminiscencias son metáforas inferiores... la memoria une dos objetos que siguen dependiendo de una sustancia opaca y cuya relación depende de una asociación."[47] Deleuze trata de resolver la contradicción afirmando que existe para Marcel otro reino del arte compuesto únicamente por su imaginación, desvinculado de su memoria sensual: "Debemos considerar la memoria involuntaria como una etapa, que ni siquiera es la más importante, en el

---

[46] Gilles Deleuze, *Proust and Signs* (New York: G. Braziller, 1972), 26–38.
[47] Deleuze, *Proust and Signs*, 64.

aprendizaje del arte" (ibid., 65). En cualquier caso, en la medida en que la ocasión del recuerdo involuntario de Marcel es accidental, el idealismo de Marcel, que pretende persuadirse de que la plenitud sensual solo existe en su propia mente en forma de recuerdo, resulta poco convincente.

El manifiesto estético de Marcel parece dudoso, y las circunstancias que producen este idealismo son aún más problemáticas. En su *Proust and Signs*, Deleuze analiza cómo el manifiesto artístico de Marcel se deriva de su experiencia vital: es decir, podríamos leer *Recherche* como una ficción autofilosófica. Proust pone en paralelo la esperanza de Marcel de restaurar su memoria sensual con su implacable deseo de poseer por completo su objeto de amor y, al confundir las dos búsquedas de Marcel, entreteje en la ficción autofilosófica las ideas y la vida y, por tanto, subyace al idealismo estético de Marcel una motivación psicológica. Desconocida para el propio Marcel, pero irónicamente clara para el lector, es la debilidad que provoca la trágica experiencia de Marcel: su necesidad inflexible de poseer por completo su objeto de deseo y de despojarlo de su misteriosa Otredad. Tal deseo es en parte provocado, en parte hecho imposible de cumplir, por la visión empirista que reconoce que una persona (o una cosa) no puede ser encerrada en una identidad.

> Par instants, dans les yeux d'Albertine, dans la brusque inflammation de son teint, je sentais comme un éclair de chaleur passer furtivement dans des régions plus inaccessibles pour moi que le ciel, et où évoluaient les souvenirs, à moi inconnus, d'Albertine. Alors cette beauté qu'en pensant aux années successives où j'avais connu Albertine, soit sur la plage de Balbec, soit à Paris, je lui avais trouvée depuis peu, et qui consistait en ce que mon amie se développait sur tant de plans et contenait tant de jours écoulés, cette beauté prenait pour moi quelque chose de déchirant. Alors sous ce visage rosissant je sentais se creuser, comme un gouffre, l'inexhaustible espace des soirs où je n'avais pas connu Albertine. Je pouvais bien prendre Albertine sur mes genoux, tenir sa tête dans mes mains ; je pouvais la caresser, passer longuement mes mains sur elle, mais, comme si j'eusse manié une pierre qui enferme la salure des océans immémoriaux ou le rayon d'une étoile, je sentais que je touchais seulement l'enveloppe close d'un être qui, par l'intérieur, accédait à l'infini. (V12, p. 229-230)

En ese momento, Marcel esconde a Albertine en su casa como su amante, cuya presencia es completamente desconocida para cualquier amigo que venga de visita. Marcel mantiene cautivo el cuerpo de Albertine como si hubiera "enfermée dans une bouteille la Princesse de la Chine", pero al mismo tiempo con su infinita interioridad "elle était plutôt comme une grande déesse du

Temps" (*ibid.*) de la que nunca podrá apoderarse ya que el Tiempo otorga a cualquier persona o cosa una rica historia con todo lo que ha vivido. A pesar del miedo de Marcel, se describe de manera bella la intensa intimidad de cualquier persona u objeto, que es un misterio eterno sustraído para siempre a su indagación. No solo que una persona tiene en sí misma todos sus recuerdos y pensamientos pasajeros, un objeto, como una piedra muda y lisa, podría haber encerrado en su interior sales depositadas desde antiguos océanos o estrellas lejanas. Pero también es precisamente esta visión empirista la que provoca en Marcel unos celos insaciables— nunca podrá apoderarse de su amada si esta no puede encajonarse en una identidad. Incapaz de comprender la interioridad de su objeto de amor, el último recurso de Marcel es realizar el giro copernicano: aprende la lección de que solo puede apoderarse de lo que existe en su propia mente, pero no en un Otro.

En la persecución de la memoria sensual, Marcel comprende claramente que su intelecto es impotente y que es mejor que permanezca receptivo. Sin embargo, en su persecución amorosa, Marcel peca evidentemente de sobreesfuerzo de su intelecto y, por tanto, debilita considerablemente su facultad receptiva. Como un detective, Marcel lee y sigue de cerca todas las señales que emite Albertine en su tenaz deseo de despojarla de todos los misterios sobre ella, pero sus frenéticas empresas nunca le revelan la esencia del amor. Por el contrario, precisamente porque su intelecto está tan atrapado en todos esos signos desconcertantes, su receptividad se debilita hasta el punto de que ya no siente ninguna alegría del amor que le inspira Albertine.

> Sans me sentir le moins du monde amoureux d'Albertine, sans faire figurer au nombre des plaisirs les moments que nous passions ensemble, j'étais resté préoccupé de l'emploi de son temps; certes, j'avais fui Balbec pour être certain qu'elle ne pourrait plus voir telle ou telle personne avec laquelle j'avais tellement peur qu'elle ne fît le mal en riant, peut-être en riant de moi, que j'avais adroitement tenté de rompre d'un seul coup, par mon départ, toutes ses mauvaises relations. (V11, p. 25)

En efecto, sin embargo, cuanto más obsesionado esté Marcel con su objeto de deseo, más atrapado estará en sus propios celos y sospechas— y, por tanto, más esquiva le resultará Albertine: "plus le désir avance, plus la possession véritable s'éloigne" (V13, p.45). Habiendo fracasado por completo en su intento de apoderarse de su objeto de deseo, Marcel solo es débilmente consciente de que es su intelecto— y no Albertine, demasiado sumisa a su deseo de posesión— el autor de su propia sospecha y el que se inflige todos estos dolores.

Tras una larga, agotadora e inútil búsqueda en la que Marcel comprueba que nunca puede apoderarse de su objeto amado, Marcel revisa su filosofía de la memoria involuntaria. Al principio de la novela, recordamos, Marcel propone una búsqueda estética cuyo santo grial es su memoria sensual, más duradera, más objetiva y, como las almas, más esencial para la mismidad que los pensamientos:

> Mais, quand d'un passé ancien rien ne subsiste, après la mort des êtres, après la destruction des choses, seules, plus frêles mais plus vivaces, plus immatérielles, *plus persistantes*, plus fidèles, l'odeur et la saveur restent encore longtemps, comme des âmes, à se rappeler, à attendre, à espérer, sur la ruine de tout le reste, à porter sans fléchir, sur leur gouttelette presque impalpable, l'édifice immense du souvenir. (V1, p. 70; énfasis mío)

Al final de la novela, la memoria involuntaria de Marcel ya no le enseña a apreciar la plenitud sensorial del mundo material. Más bien, el mecanismo que transporta la realidad inasible a su memoria sirve para enseñarle la alegría de la apropiación idealista. Para nuestra sorpresa, además, Marcel no intenta ahora escribir sobre la memoria sensual idealizada. Más bien, insiste en realizar un análisis de su celoso intelecto. William James reconoce que nuestro intelecto o el "Yo conocedor" no es una entidad permanente anterior a nuestra experiencia como concibe Kant, sino la parte más memorable de nosotros mismos que nos sigue y evoluciona junto con el tiempo: "Es un *pensamiento*, en cada momento diferente del del momento anterior, pero que *se apropia* de este último, junto con todo lo que este último llamaba suyo."[48] Lo que Marcel pronuncia aquí guarda una sorprendente similitud con la psicología empírica de James. Al final de la novela, de forma casi patética, en lugar de la memoria sensual, Marcel pronuncia que son más bien sus celos el producto de su mente, la parte más perdurable de sí mismo que subyace a todo su amor dirigido hacia diferentes objetos. Estos celos son lo que él llama la regla general de la humanidad, el propósito de su obra de arte.

> *Il est une portion de notre âme plus durable* que les moi divers qui meurent successivement en nous et qui voudraient égoïstement le retenir, portion de notre âme qui doit, quelque mal, d'ailleurs utile, que cela nous fasse, se détacher des êtres pour que nous en comprenions, et pour en restituer la généralité et donner cet amour, la compréhension de cet amour, à tous, à l'esprit universel et non à telle puis à telle, en lesquelles tel puis tel de ceux que nous avons été successivement voudraient se fondre. (V15, p. 46)

---

[48] James, *Psychology: The Briefer Course*, 82.

La teoría estética de Marcel en *El tiempo Recuperado (Time Regained)* contradice crudamente lo que propone al principio de la novela. Ahora son sus celos conscientes, en lugar de su gozosa memoria sensual, los que persisten más allá de su vida mortal, trascienden el Tiempo y constituyen su obra de arte.

La propia novela, como forma literaria, regula la experiencia lectora del lector en el tiempo lineal. Con la expectativa de que Marcel está en una búsqueda para recuperar la memoria sensual, leemos primero la esperanza de Marcel de encontrarla en un objeto material, pero luego esta esperanza se transforma gradual y subrepticiamente hacia un idealismo patológico. El idealismo que Marcel anuncia al final de la novela autofilosófica no es una postura desinteresada: es portador del viaje de desilusión de Marcel y reinterpreta el idealismo no como una glorificación de la mente, sino como una cansada resignación— un profundo suspiro porque el objeto del amor se retira para siempre. Situando el idealismo de Marcel en el contexto de su fiasco romántico, Proust podría, me atrevo a argumentar, haberse mofado del idealismo como una manía posesiva. No pretendo sostener que Proust rechace por completo el idealismo, sino que deseo recordar a mi lector que esta elevada autorreflexividad y dura ironía de la propia creencia estética es característica de la literatura modernista.

Este libro sostiene que el *fin-de-siècle* es una época en la que los artistas ya no pueden sostener el ingenuo orgullo idealista de que el arte inmaterial es superior a la materia opaca. Más bien, los artistas empiezan a sentir un anhelo hacia el mundo material, como Baudelaire ama la enigmática piedra, o como Richard Wagner comenta el idealismo como una tragedia abocada al fracaso: "el fervor sin objeto y autodevorador del alma, toda ignorante de su fuente, no es más que ella misma, nada más que anhelo, sacudida, punzada— y *extinguiéndose*, es decir, muriendo sin haberse apaciguado en ningún 'objeto'."[49] De forma similar, en el poema de Mallarmé "L'Azur" (1864),[50] el cielo azul y sin nubes, símbolo de la mente absoluta que contiene la nada, aunque sereno y bello, se convierte para él en una ironía opresiva: "De l'eternel Azur la sereine ironie / Accable, belle indolemment comme les fleurs." El poeta impotente ("Le poëte impuissant") está desesperado por huir de su propia alma vacía ("mon âme vide"), su propia conciencia que le atrapa y le aísla del mundo objetivo. El poeta invoca desesperadamente cualquier cosa material para cubrir el cielo vacío, la niebla o el humo de la chimenea, y exclama en voz alta que desea huir hacia la materia olvidando el cruel ideal del vacío: "Vers toi,

---

[49] Richard Wagner, "The Art-Work of the Future," en *Richard Wagner's Prose Works*, vol. 1 (London: Kegan Paul, 1892), 116.

[50] Judith Ryan, *The Vanishing Subject: Early Psychology and Literary Modernism* (Chicago: University of Chicago Press, 1991), 28.

j'accours ! Donne, ô Matière, / L'oubli de l'Idéal cruel." Pero, ¿cómo puede el poeta huir de su propia conciencia? El poema termina de forma célebre con el grito horrorizado del poeta que se siente acosado por su conciencia que solo contiene la nada:

> Où fuir, dans la révolte inutile et perverse?
> *Je suis hanté.* L'Azur ! l'Azur ! l'Azur ! l'Azur !

Para Mallarmé, tal y como lo expresa su poema "L'Azur" (1864), la finitud kantiana es absoluta, al igual que la nada de nuestro lenguaje es tan bella como opresiva e ineludiblemente inquietante. La incapacidad del poeta para incluir en su poema algo material es para él una impotencia de la época idealista.

Pero la psicología empirista abre a los artistas la posibilidad de cultivar y ampliar su poder de recepción para ver más allá de los límites del yo trascendental, que ahora se reconceptualiza como una tendencia psicológica negociable, en lugar de una estructura *a priori* de la que nunca podremos escapar. Sobre el trasfondo intelectual de la psicología empirista, que Proust ciertamente conoce bien,[51] la impotencia de Marcel (comparada con la de Mallarmé, que reconoce abiertamente su fracaso) no es heroica sino autoindulgente, pues lo que le motiva hacia la postura idealista definitiva nunca ha sido un *beau idéal* que pretenda alcanzar activamente, sino más bien, como comenta Deleuze, un "mecanismo de decepción objetiva y de compensación subjetiva."[52] La *Recherche* de Proust pone al desnudo la motivación psicológica del idealismo y sirve para decirnos cómo, en literatura, lo que parece una creencia metafísica puede ser el resultado de una elección personal y tener un significado ético. Como conclusión de mi discusión sobre la *Recherche*, comparo la tendencia idealista de Marcel, cuyo tono es de la ironía característica del *fin-de-siècle*, con la exhortación de Pater a cultivar la propia facultad receptiva.

La tragedia amorosa de Marcel puede atribuirse a que su sensibilidad no está entrenada para disfrutar de la plenitud sensual. Evocando la metáfora finisecular de moda para el artista—un inválido interior e imaginativo—a Marcel le gusta quedarse en la cama e imaginar el aire y la atmósfera de la mañana que sus sentidos se han negado a saborear: "Cette matinée idéale comblait mon esprit de réalité permanente, identique à toutes les matinées semblables, et me communiquait une allégresse que mon état de débilité ne

---

[51] Para una lectura intertextual entre Recherche y la psicología empirista, véase Marilyn M. Sachs, *Marcel Proust in the Light of William James: In Search of a Lost Source* (Lanham, Maryland: Lexington Books, 2014).

[52] Deleuze, *Proust and Signs*, 35.

diminuait pas" (V11, p. 31). Hacia el final de la novela, Marcel nos cuenta que su tragedia amorosa se origina en el hecho de que solo puede saborear en la imaginación lo que está ausente, y no puede sentir ninguna alegría de amor cuando Albertine está presente:

> Tant de fois, au cours de ma vie, la réalité m'avait déçu parce que, au moment où je la percevais, mon imagination, qui était mon seul organe pour jouir de la beauté, ne pouvait s'appliquer à elle, en vertu de la loi inévitable qui veut qu'on ne puisse imaginer que ce qui est absent. (V15, p. 14)

Ahora, al descubrir la memoria involuntaria, Marcel encuentra el mecanismo más poderoso que suple la esterilidad de su facultad. La sensación presente no existe por derecho propio, sino que sirve para recordar el pasado y al mismo tiempo añade un sentido de realidad concreta a su memoria, lo que a su vez proporciona a Marcel una alegría inexplicable. Una vez más, la peculiar teoría de Marcel merece ser citada extensamente:

> Il languit dans l'observation du présent où les sens ne peuvent la lui apporter, dans la considération d'un passé que l'intelligence lui dessèche, dans l'attente d'un avenir que la volonté construit avec des fragments du présent et du passé auxquels elle retire encore de leur réalité, ne conservant d'eux que ce qui convient à la fin utilitaire, étroitement humaine, qu'elle leur assigne. Mais qu'un bruit déjà entendu, qu'une odeur respirée jadis, le soient de nouveau, à la fois dans le présent et dans le passé, réels sans être actuels, idéaux sans être abstraits, aussitôt l'essence permanente et habituellement cachée des choses se trouve libérée et notre vrai moi qui, parfois depuis longtemps, semblait mort, mais ne l'était pas autrement, s'éveille, s'anime en recevant la céleste nourriture qui lui est apportée. (V15, p. 15)

Marcel es consciente de que su memoria, retenida por el intelecto, solo tiene una finalidad utilitaria, como que recordemos nuestra dirección o nuestro número de teléfono. Con el mecanismo de la memoria involuntaria, por fin es capaz de saborear una plenitud sensual. Curiosamente, sin embargo, la plenitud sensual que pretende recuperar solo está presente en su memoria para poder saborearla: Marcel nunca pretende disfrutar de la plenitud sensual en el presente. El idealismo eventual de Marcel no es más que una estrategia de compensación subjetiva: la de volver a presentar, en el dominio del arte inmaterial, todo lo que se ha perdido, la sombra de la plenitud sensual.

En efecto, la tensión de la *Recherche* se sustenta en la ausencia del Objeto y su redención en la mente, como comenta Stephen Brown que es "una dialéctica continua... entre la naturaleza ilusoria del deseo, la desilusión de la experiencia y el poder recuperador del recuerdo,"[53] mientras que nunca se ha producido una armonía gozosa con el Otro en el presente. La "imaginación idealizadora de Marcel es como una flecha que sobrepasa su objetivo: la realidad."[54] Benjamín también es claro al señalar que la memoria involuntaria de Marcel nunca satisfice su deseo fundamental de estar en conexión con un Otro: "También la [*Recherche*], de Proust tiene como centro una soledad que arrastra al mundo hacia su vórtice con la fuerza de un torbellino."[55] Benjamín cita a Jacques Rivière para identificar la debilidad de Marcel como que su transporte idealista sitúa la salvación en el arte y no en la vida: "Murió de ignorancia del mundo y porque no sabía cómo cambiar las condiciones de su vida que habían empezado a abrumarlo. Murió porque no sabía hacer fuego ni abrir una ventana".[56] A pesar de que Marcel está extasiado por poder recuperar el pasado en su memoria, en el análisis final el Marcel adulto sigue siendo totalmente impotente, tan impotente como el niño que desea los besos de su madre a la hora de dormir, ya que la ocasión del recuerdo involuntario es puramente "una cuestión de azar," que lleva "las huellas de la circunstancia que le dio origen."[57] Pero entonces, ¿no es posible, pensarán los lectores que esperan el bienestar de Marcel, que pueda cultivar su facultad receptiva para aplicar sus sentidos a saborear el presente, "reuniendo todo lo que somos en un esfuerzo desesperado por ver y tocar," como exhortar Pater?

Marcel sí utiliza sus esfuerzos mentales para retener la preciada sensación, solo que, en la ficción autofilosófica, el intelecto de Marcel se emplea en contextos muy específicos. Las noches en que había invitados en casa, su madre le besaba solo brevemente en la mesa del comedor, en lugar de, como otras noches, besarle varias veces en su dormitorio. Para Marcel, el hecho de que su ritual a la hora de acostarse deba restringirse de este modo le produce un intenso dolor, y tendría que prepararse para concentrarse en el momento del beso furtivo de su madre a fin de compensar su brevedad.

> Aussi je me promettais, dans la salle à manger, pendant qu'on commencerait à dîner et que je sentirais approcher l'heure, de faire d'avance de ce baiser qui serait si court et furtif, tout ce que j'en pouvais

---

[53] Stephen Gilbert Brown, *The Gardens of Desire: Marcel Proust and the Fugitive Sublime* (SUNY Press, 2012), 146.

[54] Brown, *The Gardens of Desire*, 147.

[55] Walter Benjamin, "The Image of Proust," en *Illuminations*, ed. Hannah Arendt, trans. Harry Zohn (New York: Schocken Books, 1985), 212.

[56] Benjamin, "The Image of Proust," 213.

[57] Walter Benjamin, "On Some Motifs in Baudelaire," en *Illuminations: Essays and Reflections*, ed. Hannah Arendt, trans. Harry Zohn (New York: Schocken Books, 1985), 158.

faire seul, de choisir avec mon regard la place de la joue que j'embrasserais, de préparer ma pensée pour pouvoir grâce à ce commencement mental de baiser consacrer toute la minute que m'accorderait maman à sentir sa joue contre mes lèvres, comme un peintre qui ne peut obtenir que de courtes séances de pose, prépare sa palette, et a fait d'avance de souvenir, d'après ses notes, tout ce pour quoi il pouvait à la rigueur se passer de la présence du modèle. (VI, p42-43)

Aquí, incluso cuando Marcel se promete a sí mismo que consagrará con su agudeza mental todo el breve instante en que su madre le besa, la preciosa sensación no existe simplemente por sí misma— sino que debe conservarse para acompañar y reconfortar a Marcel durante la noche horriblemente solitaria en la que debe ir solo al dormitorio, meterse en la cama y luego soportar horas de soledad en la oscuridad. Marcel compara aquí sus esfuerzos mentales con los que debe realizar un pintor si su modelo solo le ofrece una breve sesión, y esta comparación parece aludir al pintor de Baudelaire de la vida moderna, pero su significado cambia por completo—ya que su intelecto no sirve aquí para abrirse al choque de la intensa sensación en sí, sino más bien para protegerse de sufrir otra mayor en el futuro. En el análisis de Benjamin, Marcel sabe demasiado pronto y bien que la única manera de protegerse de una experiencia traumática es siendo consciente de ella, e incluso preparándose para ella de antemano: "cuanto más fácilmente registre la conciencia estos choques, menos probable será que tengan un efecto traumático."[58] Es decir, para Marcel, la conciencia funciona para bloquear y agotar el impacto del choque más que para experimentarlo. En la ficción autofilosófica de Proust, este explica lúcidamente cómo funciona su intelecto: es una armadura contra el corazón sensible y vulnerable. Y cualquier recuerdo intelectual así capturado debe ser necesariamente esterilizado para no herir el corazón. Marcel vive bajo la obediente protección de su cerebro hasta el punto de que todo lo que recuerda es insípido, hasta el punto de que debe buscar lo que no ha pasado la guardia de su obediente cerebro a través de su truco de la memoria involuntaria, como apunta Benjamín: "esto significa que solo lo que no ha sido experimentado explícita y conscientemente, lo que no ha sucedido al sujeto como experiencia, puede convertirse en un componente de la *mémoire involontaire*."[59]

Aquí nos encontramos con que los temas tratados en la ficción autofilosófica son realmente complicados. Mientras que para Baudelaire y Pater sigue siendo fácil y sencillo exhortar al artista a abrirse voluntariamente a la experiencia de sensaciones fugaces, medio siglo más tarde, para Proust y Woolf, el papel de la

---

[58] Benjamin, "On Some Motifs in Baudelaire," 161.
[59] Benjamin, "On Some Motifs in Baudelaire," 160-161.

conciencia cambia cualitativamente, convirtiéndose en un obstinado mecanismo protector que no cedería a la voluntad del artista. Podemos atribuirlo al desarrollo de la psicología freudiana en el siglo XX: Proust afirma que nunca ha leído a Freud[60] pero a Benjamín le resultó fácil leer a Freud en Proust,[61] mientras que Woolf ha publicado en inglés una traducción de la obra de Freud.[62] Pero entonces el enigma teórico solo puede seguir explorándose si el escritor lo sitúa en el experimento de la propia vida en una ficción autofilosófica. En ella, Marcel busca recuperar el inconsciente con la memoria involuntaria, pero solo puede hacerlo retroactivamente, mientras se pierde toda la realidad en el momento presente. En la próxima sección, discutiré cómo la conciencia es igualmente un problema para Woolf: ella encuentra una salida para escapar de la conciencia individual entregándose al ritmo hipnótico de la sensación universal, pero luego descubre que una vez que quiere escribir dicha experiencia, necesitaría de nuevo emplear su conciencia que amenaza con evaporar la esencia de su experiencia. La ficción autofilosófica sirve para situar las ideas en el laboratorio de la vida y señalar los terrenos necesarios para su cultivo. Es un género en el que se encuentran los conflictos entre las ideas y las prácticas, y nos recuerda que una idea no solo tiene que ser intelectualmente convincente, sino que, cuando se pone en práctica en la vida, plantea constantemente interrogantes sobre si se ha logrado el objetivo original.

V. La Sensación Universal de Woolf y sus Problemas con la Escritura

Frente a un entorno empirista general, cada escritor parte de una premisa o preocupación enfática diferente, sobre la que se construye su proyecto estético. Una idea que está ausente en Proust, pero que motiva la educación estética de Pater y Woolf es que somos fundamentalmente parte de lo que Pater llama "concurrencia" o "movimiento perpetuo,"[63] o lo que Woolf llama "ondas de esa vitalidad divina,"[64] un término sumativo para todos los elementos materiales y fuerzas sensuales que nos constituye, pero que se extiende mucho más allá de nosotros mismos. En la famosa conclusión de Pater a *el Renacimiento*:

Pero estos elementos, fósforo y cal y fibras delicadas, no solo están presentes en el cuerpo humano: los detectamos en los lugares más

---

[60] Céline Surprenant, "Freud and Psychoanalysis," en *Marcel Proust in Context* (Cambridge: Cambridge University Press, 2013), 107.

[61] Benjamin, "On Some Motifs in Baudelaire," 160.

[62] Sigmund Freud, *Civilization and Its Discontents*, trans. Joan Riviere (London: Hogarth Press, 1930)

[63] Pater, *The Renaissance: Studies in Art and Poetry*, 247, 246.

[64] Woolf, *Mrs. Dalloway*, 9.

alejados de él. Nuestra vida física es un movimiento perpetuo de ellos—
el flujo de la sangre, el desgaste y la reparación de las lentes de los ojos,
la modificación de los tejidos del cerebro por cada rayo de luz y
sonido— procesos que la ciencia reduce a fuerzas más simples y
elementales. Al igual que los elementos de los que estamos compuestos,
la acción de estas fuerzas se extiende más allá de nosotros; oxida el
hierro y madura el maíz.[65] ("Conclusión," 246-47)

Para Kate Hext, este pasaje de "Conclusión" nos recuerda inmediatamente la
tesis de David Hume que cuestiona la noción de una identidad estable y
coherente. En nuestra vida física se producen constantemente cambios
minúsculos, las células mueren y son sustituidas. Cambia más drásticamente
nuestra vida interior, que consiste, para Hume, "nada más que en un manojo o
colección de percepciones diferentes, que se suceden con una rapidez
inconcebible y están en un flujo y movimiento perpetuos," y para Pater, de
forma similar, en "impresiones inestables, parpadeantes, inconsistentes."[66]
Esta observación plantea para Hext crisis epistemológicas tanto del
conocimiento como de nuestra mismidad. El empirismo (o Nuevo
Materialismo, como se denomina en la academia contemporánea) desafía la
estabilidad para el conocimiento, ya que "no hay orden, solo el desorden de la
realidad fluctuante." [67] Y Hext sostiene que "la cuestión más problemática que
Pater ha heredado de Hume es: si no puedo depender de la conciencia continua
para dar coherencia a mis impresiones empíricas, entonces ¿'qué soy yo'?"
(ibid.). Pero esta desesperación epistemológica, sostengo, no es lo que Pater
pretende aquí. Más bien, si leemos con más atención el pasaje citado, Pater se
distancia en efecto de "la tendencia del pensamiento moderno" que tiende a
limitarse a "considerar todas las cosas y los principios de las cosas como modos
o modas inconstantes" ("Conclusión," 246). Pater replantea la postura humana
argumentando que, aunque nuestras vidas físicas están en constante cambio,
formamos *parte de* las fuerzas materiales y sensuales que *se extienden mucho
más allá de nosotros,* que oxidan el hierro, maduran el maíz y producen
impresiones que ocupan nuestras mentes. La diferencia entre la postura de
Hume y la del propio Pater puede pasarse por alto fácilmente porque la palabra
de transición de Pater aquí es un único "pero": "*Pero* estos elementos, fósforo y
cal y fibras delicadas, no están presentes solo en el cuerpo humano, los

---

[65] Pater, *The Renaissance*, 246-247.
[66] David Hume, *A Treatise of Human Nature*, ed. Norton David Fate and Norton Mary J.,
The Clarendon Edition, vol. 1 (Oxford: Oxford University Press, 2007), 165; Pater, *The
Renaissance: Studies in Art and Poetry*, 248.
[67] Kate Hext, *Walter Pater: Individualism and Aesthetic Philosophy* (Edinburgh, UK:
Edinburgh University Press, 2013), 29.

detectamos en los lugares más alejados de él" (ibid., 246; el subrayado es mío). Mientras que nuestro yo puede parecer incoherente y fragmentario, obtendremos un sentido del orden si miramos más allá de nuestra identidad ilusoria y al movimiento universal de estas fuerzas. La confluencia de las fuerzas sensuales y materiales sigue tejiendo una "red", que es la metáfora de Pater del orden de los sentidos, solo que la red no termina en nuestro yo individual, del mismo modo que nuestros nervios reciben y transmiten información mucho más allá de nuestro cuerpo. Nuestra imagen de un yo delimitado es ilusoria, pero Pater no se limita a desacreditar la ilusión como hace Hume: el sentido positivo reside en ver la telaraña que se extiende más allá de nosotros: "Ese contorno claro y perpetuo del rostro y los miembros no es más que una imagen nuestra, bajo la cual los agrupamos: un diseño en una telaraña, cuyos hilos reales se extienden más allá de ella" (ibid., 247). Mientras que, para Lacan, el niño reconoce la unidad del yo en la imagen del espejo,[68] Pater señala con gracia que esta imagen del espejo es ilusoria, con su intuición post-humanista de que el cuerpo está constituido por fuerzas materiales que se extienden mucho más allá del yo delimitado. El sentido más fuerte del orden en el monismo de Pater se articula a través de su héroe en *Marius el Epicúreo*, tomando prestado vocabulario de la filosofía antigua: "el movimiento de la vida universal, en la que las cosas, y las impresiones de los hombres sobre ellas, estaban siempre 'llegando a ser'": "la energía insomne, siempre sostenida, inagotable de la razón divina misma, procediendo siempre por su propia lógica rítmica, y prestando a toda mente y materia, a su vez, la vida que tenían" (Cap.8, p.130-31). Aquí, toda la materia y la mente forman parte de la energía universal, que nos presta nuestra vida psíquica y física y se extiende mucho más allá de nosotros mismos.

Mientras que la visión de Pater de nuestro lugar en el universo podría parecer, en efecto, descentrada y desorientada, ya que no somos más que una combinación accidental de un movimiento que se mueve perpetuamente más allá de nosotros, Woolf imagina este movimiento universal como una continuidad rítmica que nos sostiene. Woolf imagina este movimiento universal como una continuidad rítmica que nos sostiene. La imagen que Woolf tiene del movimiento universal es la cadencia de las olas, hipotónica y que induciría a un individuo a renunciar a su carga *qua* individuo. En las primeras páginas del ensayo autobiográfico de Woolf, "Un esbozo del pasado", describe un "primer recuerdo" sobre el que se asienta su vida: de niña, tumbada

---

[68] Jacques Lacan, "The Mirror Stage as Formative of the I Function as Revealed in Psychoanalytic Experience," en *Écrits: The First Complete Edition in English*, trans. Bruce Fink (New York: W. W. Norton & Company, 2005), 76.

en el vivero de St. Ives, Woolf escucha, medio inconsciente, el rumor de las olas, repetitivo y continuo.

> Es de estar medio dormida, medio despierta, en la cama de la guardería de St. Ives. Es de oír las olas rompiendo, uno, dos, uno, dos, y salpicando de agua la playa; y luego rompiendo, uno, dos, uno, dos, detrás de la persiana amarilla. Es de oír a la persiana dibujar su pequeña bellota por el suelo mientras el viento soplaba la persiana. Es de estar tumbado y oír este chapoteo y ver esta luz, y sentir que es casi imposible que yo esté aquí; de sentir el éxtasis más puro que pueda concebir. (64-5)

Con su lenguaje imitando el romper de las olas, Woolf explica por qué el recuerdo es tan fuerte: se debe a que "apenas soy consciente de mí misma, sino solo de la sensación. Solo soy el contenedor de la sensación de éxtasis, de la sensación de arrebato" (67). Aquí Woolf nos cuenta su peculiar constitución: el momento de pura sensación rítmica que la envuelve y lo envuelve todo, continuo e hipotónico, sin la intervención de la conciencia aislada, le trae el éxtasis memorable.

Leyendo la obra de Woolf, podríamos deducir por qué este trance concede a Woolf un arrebato inexplicable: el flujo y reflujo de las olas es un símbolo de la "concurrencia," de Pater, que le promete una continuidad mucho mayor que la conciencia individual, y le demuestra que ella forma parte del todo, una con la sensación oceánica. Más adelante, en el ensayo "Boceto" Woolf invoca una imagen similar a la de Pater, la de que muchas fuerzas no humanas nos atraviesan en cada momento.

> Las hojas color limón del olmo; las manzanas del huerto; el murmullo y el susurro de las hojas me hacen detenerme aquí y pensar cuántas fuerzas distintas de las humanas actúan siempre sobre nosotros. Mientras escribo esto la luz resplandece; una manzana se vuelve de un verde vivo; respondo a través de mí; pero ¿cómo? Entonces un pequeño búho [parlotea] bajo mi ventana. De nuevo, respondo. En sentido figurado, podría resumir lo que quiero decir con alguna imagen; soy un recipiente poroso a flote en la sensación; una placa sensible expuesta a rayos invisibles; y así sucesivamente. (133)

Afrontando los cambios momento a momento, el tono emocional de Woolf es característicamente distinto al de Pater. Para Pater, es un descentramiento al reconocer que las fuerzas avanzan más allá de nosotros y siguen oxidando el hierro y madurando el maíz. Pero Woolf describe la escena de St. Ives como "puro deleite", y su lenguaje parte de una serenidad y gratitud hacia la sensualidad de la tierra, pues se encuentra capaz de recibir y responder a las fuerzas no humanas; forma parte del todo. La principal diferencia entre Pater y Woolf puede atribuirse a que aquí Woolf sustrae su conciencia individual de la escena; es como una cámara expuesta a rayos invisibles y registra todos los vivos colores; es un recipiente permeable que permite que las fuerzas no humanas la atraviesen libremente sin ningún intento de resistencia o retención. No habría una vertiginosa sensación de descentramiento si Woolf no planteara su conciencia como un centro. Pero decir que la conciencia de Woolf no es el centro no significa que no esté presente, sino que en realidad Woolf hace esta observación desde su voz subjetiva, mientras que Pater hace la afirmación sobre la concurrencia como una verdad objetiva. Por tanto, sería más exacto decir que la concurrencia de Woolf difiere de la de Pater porque ella participa en la concurrencia no solo en el nivel de las fuerzas físicas, sino con todos sus pensamientos y emociones. El pensamiento monista de Woolf es tan radical que, como analiza Erich Auerbach, entrelazaría voces de distintas conciencias en una única corriente de pensamiento.[69] El cultivo del yo estético de Woolf, contra el predicamento del empirismo que concibe la conciencia individual como incoherente e ilusoria, implica relajar la frontera del yo para sumergirse en la corriente universal. Mientras que el autodidactismo de Pater implica una intensa concentración para registrar las sensaciones transitorias, para Woolf, relajar la frontera de la conciencia individual es la manera convertirse en un receptáculo permeable y translúcido de una confluencia mayor que ella misma.

James Naremore escribe una monografía, *The World without a Self*, sobre el sentimiento oceánico de Woolf y su peculiar propensión a la autodisolución, que merece ser citada en extenso.

> Su atracción por el elemento acuoso confiere a su escritura otro de sus atributos inusuales. Al leerla, uno tiene a veces la impresión de estar inmerso en un líquido en constante movimiento, inmerso tan profundamente que las personas y las cosas de sus libros se vuelven amortiguadas e indistintas, como sombras borrosas y fantasmales. ...Tal característica de su ficción madura se describe con precisión en un pasaje posterior de *Una habitación propia*, donde, al mirar por la ventana, detecta "una señal que apuntaba a una fuerza en las cosas que uno había pasado por alto. Parecía apuntar a un río que fluía, invisible, a la vuelta de la esquina, calle abajo, y tomaba a la gente y la arrastraba" (p. 144).[70] En su extremo, este río invisible se combina con los estados de ánimo somnolientos e hipnóticos y los momentos de regocijo y

---

[69] Erich Auerbach, *Mimesis: The Representation of Reality in Western Literature* (Princeton University Press, 2003), 536.
[70] Virginia Woolf, *A Room of One's Own* (London: Hogarth Press, 1935).

miedo para reproducir la sensación más extraña de todas: tanto la autora como sus personajes parecen a punto de disolverse, o de hundirse para siempre en lo que la Sra. Ramsay llama célebremente un "núcleo de oscuridad en forma de cuña."[71]

Naremore asocia la autodisolución de Woolf con su "fascinación por la muerte" (3). Pero yo sostengo que hay un fuerte significado positivo que Naremore no advierte: para Woolf desprenderse de la propia personalidad significa unirse a la sensación universal mucho más grande, y más continua, que la frágil conciencia individual. Esta sensación oceánica no conduce a la muerte, sino que es más bien un poder protector que puede ayudarla a afirmar la continuidad de nuestra vida cotidiana frente a traumas y muertes sin precedentes. Woolf asocia más a menudo en sus escritos la sensación oceánica con la continuidad de una concurrencia universal, con un río invisible que dobla la esquina y desciende hasta el bullicio de las calles londinenses, con el ritmo de su vida cotidiana. Como señala acertadamente Michele Pridmore-Brown, la descripción de Woolf de su sensación del océano "se desprende de la visión de Woolf del mundo como un campo palpitante de mente y materia en el que todo está interconectado."[72]

Un pasaje central de la novela de Woolf, *La Señora Dalloway*, revela la valorización que hace Woolf de la conciencia individual frente a esa sensación universal y oceánica. La heroína de la novela, Clarissa Dalloway, se siente frustrada por el hecho de que no la inviten a un almuerzo y, ante la tensión social, se retira a su habitación para mirarse al espejo y contemplar su individualidad, como si su individualidad fuera la causa primordial de que deba sufrir la exclusión social:

> ¡Cuántos millones de veces había visto su cara, y siempre con la misma imperceptible contracción! Frunció los labios al mirarse en el espejo. Era para darle sentido a su cara. Así era ella: puntiaguda, afilada, definida. Así era en esencia cuando algún esfuerzo, una invitación a ser ella misma, juntaba las diferentes piezas —sólo ella sabía cuán dispares e incompatibles— y así se conformaban, ante los ojos del mundo, en un centro, un diamante, una mujer que se sentaba en su sala de estar y

---

[71] James Naremore, *The World without a Self: Virginia Woolf and the Novel* (New Heaven: Yale University Press, 1973), 2.

[72] Michele Pridmore-Brown, "1939-40: De Virginia Woolf, Gramophones, and Fascism," *PMLA* 113, no. 3 (1998): 411. Para una excelente discusión sobre la escritura de Woolf acerca de lo no humano, véase Louise Westling, "Virginia Woolf and the Flesh of the World," *New Literary History* 30, no. 4 (1999): 855–75.

constituía un punto de encuentro, una luz sin duda en algunas vidas aburridas, acaso un refugio para los solitarios; había ayudado a jóvenes que le estaban agradecidos; había intentado ser siempre la misma, sin mostrar nunca signo alguno de todas sus demás facetas —defectos, celos, vanidades, sospechas, como ésa de Lady Bruton que no la había invitado a almorzar; cosa que, pensó ella (peinándose al fin), ¡era de una bajeza descarada! Bueno, ¿y dónde estaba su vestido? (42)

El pasaje es un notable metadiscurso sobre la individualidad. Un individuo no es una entidad autónoma en virtud de su personalidad única, sino solo una construcción social que requiere la subordinación de partes incompatibles del yo. Clarissa es consciente de que está sometida a la fuerza conformadora de la sociedad, y consciente del gran esfuerzo que requiere recomponerse a sí misma en una individualidad coherente y reconocible.

Pero entonces, Clarissa escapa a la presión social relacionada con la individualidad recurriendo de nuevo a la sensación oceánica profundamente arraigada en su memoria corporal. La individualidad es el lugar en el que uno sufre una conmoción repentina y se siente aislado por el dolor, mientras que, para reanudar la tranquilidad, uno puede volver a caer en la sensación universal que transporta al yo, como las olas que transportan una concha. Para Woolf, la sensación universal no es una dicha pura y simple, sino más bien la cara opuesta del shock y el trauma, que son síntomas del modernismo de los que hablaré más adelante. Solo cuando la conmoción es demasiado para que uno la soporte, debe buscar la forma de escapar de la conciencia individual. Y Woolf identifica su logro estético con encontrar una forma de apaciguar la conciencia exaltada, lo cual es realmente notable. Aquí, Clarissa descubre que el vestido que va a llevar esta noche en la fiesta está roto, y va a remendarlo. El acto de remendar el vestido es una metáfora de la misión de Woolf como escritora, "unir las partes desgajadas" y "hacer que vuelva a estar entera" de nuevo ("Boceto" 72) después de que su sentido del orden se haya visto alterado. Remendando su vestido, Clarissa recupera su tranquilidad al asociar sus movimientos repetitivos de costura con los movimientos repetitivos del batir de las olas.

La quietud descendió sobre ella, tranquila, contenta, mientras su aguja, arrastrando la seda suavemente hasta su suave pausa, recogía los pliegues verdes y los unía, muy ligeramente, a la cintura. De este modo, en un día de verano, las olas se acumulan, se desequilibran y caen; se acumulan y caen; y el mundo entero parece decir "eso es todo" cada vez más pesadamente, hasta que incluso el corazón en el cuerpo que yace al sol en la playa dice también: Eso es todo. No temas más, dice el corazón. No temas más, dice el corazón, entregando su carga a algún mar, que suspira colectivamente por todas las penas, y renueva, comienza, recoge, deja caer. (44-5)

Clarissa hereda aquí de Woolf el reconfortante ritmo del oleaje que ha interiorizado de niña y que afloraría junto con su propio movimiento corporal rítmico. En este momento de frustración de Clarissa, las olas, con su hipnotizante cadencia, empiezan por persuadir al mundo entero de que cante junto "eso es todo", cada vez más ponderadamente, de modo que finalmente el corazón en el cuerpo, el más obstinado de todos, renuncia a su individualidad para decir "eso es todo." Uno puede ceder su carga individual a algún que otro mar. A diferencia de un individuo que carga con su propio éxito y caída, aquí viviendo en la concurrencia, como una concha o una estrella de mar que flota junto a las olas, uno no debe preocuparse si uno mismo sube y baja: son las olas las que lo hacen. La cadencia somática que reside en nuestro cuerpo, como nuestra respiración, siempre nos asegura que formamos parte del todo. El aleteo de las olas se convierte, en cada uno de sus libros, en una metáfora del consuelo, la colectividad y la continuidad, un ritmo hipnotizador que puede inducir a una a renunciar a su yo limitado junto con cualquier carga como individuo. Formar parte del todo significa para Woolf relajar la conciencia de sí misma y sumergirse en la sensación universal.

Esta dinámica entre la conciencia individual y la confluencia más amplia que uno mismo se repite de nuevo en *Al Faro*.[73] La señora Ramsay está haciendo sus labores de aguja en plena noche, sola. Aquí contempla para sí misma, como Clarissa, que su personalidad es solo una construcción social superficial. Escuchando el ritmo oceánico de su movimiento corporal, el de ella misma tejiendo, siente que su esencia es más bien parte del mar profundo en la oscuridad, mientras nos reconocemos como se ve a una ballena que de vez en cuando sube a la superficie del agua: "Debajo todo es oscuro, todo se extiende, es insondablemente profundo; pero de vez en cuando subimos a la superficie y por eso nos ves" (73). Hipnotizada, la señora Ramsay tiene la tendencia a perderse en las cosas que mira, como las constantes pinceladas del faro, que resuenan con el ritmo de su tejido. En el momento de calma de la noche, los trazos con el faro y los trazos de su tejido se funden en uno, inseparables.

Al perder la personalidad, se perdían las preocupaciones, las prisas, el afanarse, y le subía a los labios una exclamación como (73)

Y aquí, la señora Ramsay da la concretización más directa del sentido esencial que Woolf tiene de sí misma: que es una con las cosas.

---

[73] Virginia Woolf, *To the Lighthouse* (London: Hogarth Press, 1927).

Al perder la personalidad, se perdían las preocupaciones, las prisas, el afanarse, y le subía a los labios una exclamación como de triunfo sobre la vida, cuando las cosas se reunían en esta paz, en este descanso, en esta eternidad; y al detenerse en este momento, levantó la mirada para ver el rayo del Faro, el destello prolongado, el último de los tres, el suyo; porque al verlos en este estado de ánimo, siempre a esta hora, no podía una desentenderse de alguna cosa, en especial, que viera; y esta cosa, ese destello prolongado, era el suyo. Con frecuencia se sorprendía de sí misma, allí sentada y mirando, sentada y mirando, con la labor entre las manos; hasta que se convertía en aquello que miraba: aquella luz, por ejemplo. (33)

A lo largo de toda su obra, Woolf no puede abstenerse de impregnar a sus personajes de esta visión suya: que el mundo es uno, que uno debe desprenderse de su restrictiva conciencia individual para formar parte del todo, que uno puede hacerlo escuchando su ritmo corporal que resuena con la cadencia de la sensación universal.

Además de la cadencia de las olas, otro de los símbolos favoritos de Woolf para la concurrencia es el bullicio de las calles londinenses. En *La Señora Dalloway*, la heroína Clarissa articula la concepción de Woolf de que el bullicio de las calles londinenses es en sí mismo la concurrencia que le demuestra que forma parte del todo, de la gente que nunca conoce y de las cosas inanimadas, de las casas feas y los árboles desnudos:

Pero, de alguna manera, en las calles de Londres, en la corriente y la marea de las cosas, aquí, allí, ella sobrevivía, Peter sobrevivía, vivían el uno en el otro, y ella formaba parte, estaba segurísima, de los árboles de su casa, de aquella casa de ahí enfrente, fea, cayéndose a pedazos; formaba parte de gente a la que nunca había conocido; yacía como una bruma entre la gente que mejor conocía, quienes la elevaban entre sus ramas como ella había visto que los árboles levantan la bruma, pero se extendía tanto, tan lejos, su vida, ella misma. (9)

Como señala acertadamente Cristina Delgado García, este pasaje "ilustra cómo Clarissa ve su mismidad no como una esencia intrínseca e intransferible, sino como una relación ubicua entre ella y los lugares inmediatos, los objetos y los seres animados que están 'aquí, ahora, frente a ella.'"[74] El bullicio de las calles de Londres es una sensación compartida que envuelve a todas las personas y

---

[74] Cristina Delgado García, "Decentring Discourse, Self-Centred Politics: Radicalism and the Self in Virginia Woolf's 'Mrs Dalloway,'" *Atlantis* 32, no. 1 (2010): 18.

cosas, de la que Clarissa siente que forma parte. Junto con la vida cotidiana de Clarissa -el flujo de las cosas-, el tráfico de la calle se asocia con la cadencia continua de las olas y, al igual que las pulsaciones de las olas permiten a Woolf relajar su autoconciencia, Clarissa caminando por las calles londinenses experimenta una especie de autodisolución: se siente "tendida como una niebla" que "se extiende siempre tan lejos." Relajar el límite de la mismidad para Woolf se asocia a su vez con su intuición de que está siendo sostenida, como los árboles que levantan la niebla. Caminando por las calles, Clarissa está absorta en la conmoción de las calles y, sin embargo, forma parte de lo que ve o piensa, indiferenciada del todo: "y sin embargo a ella le resultaba absolutamente absorbente; todo esto; los coches que pasan; y no se habría atrevido a afirmar de Peter, a afirmar de ella misma; soy esto, soy aquello" (8). Al igual que la señora Ramsay, Clarissa tiene tendencia a apegarse a las cosas que mira. Este apego le permite unirse al todo más amplio: "Lo que a ella le encantaba era esto, aquí, ahora, frente a ella; la señora gorda en el coche" (9).

En estos momentos en que los personajes de Woolf experimentan una unidad con el mundo, vemos también algunos detalles repetidos que parecen tener un significado autobiográfico. Leemos en *La Señora Dalloway*, "Parecía como si Arlington Street y Piccadilly caldearan el mismísimo aire del parque y elevaran sus hojas con calor, brillantez, en esas olas cuya divina vitalidad tanto le gustaba a Clarissa. Bailar, montar a caballo, le había encantado todo aquello." (7). En *Una Habitación Propia*, donde Woolf habla desde su propia voz autoral, volvemos a leer el pasaje que cita Naremore, y descubrimos que Naremore omite la información contextual más importante que desmiente la inspiración original de Woolf. Cuando la calle está tranquila, le había parecido que una hoja le señalaba un orden rítmico, como un río invisible que fluye por la calle y envuelve a toda la gente y la arrastra.

> Una hoja solitaria se destacó del plátano que crecía al final de la calle y, en medio de esta pausa y esta suspensión, cayó. En cierto modo pareció una señal, una señal que hiciese resaltar en las cosas una fuerza en la que uno no había reparado. Parecía indicarle a uno la presencia de un río que fluía, invisible, calle abajo hasta doblar la esquina y tomaba a la gente y la arrastraba en sus remolinos, de igual modo que el arroyo de Oxbridge se había llevado al estudiante en su bote y las hojas muertas. (70)

Leyendo toda la obra de Woolf, encontramos que a menudo las heroínas de la novela comparten una parte del sentido del yo de Woolf, y articularían su visión de la unidad aquí y allá. En cierto sentido, todas las novelas de Woolf son ficciones autofilosóficas, vehículos a través de los cuales explora su visión mística.

La concepción que Woolf tiene de la multitud es única entre los escritores modernistas. Woolf asocia aquí la multitud modernista con la sensación oceánica y con la interconectividad, mientras que— como teorizó Benjamin— para Edgar Poe y Baudelaire, la multitud se ve más como una expresión de alienación. Para Benjamin, un leitmotiv importante de la experiencia moderna es el shock producido por la tecnología, que ha alterado enormemente nuestro entorno sensorial.[75] La multitud en la metrópolis es uno de los lugares importantes en los que los escritores modernos experimentan el shock, aunque al mismo tiempo puedan sentirse encantados por él. Benjamin percibe que hay algo mecánico e inhumano en la presentación que hace Poe de la multitud, que luce "una sonrisa ausente y exagerada en los labios" y "si se les empuja, se inclinan profusamente ante los empujadores"."[76] Aunque la multitud de Poe está compuesta por hombres de negocios de éxito, para Benjamin, su docilidad distraída los asemeja en cierto modo a los obreros de la fábrica, que pierden su albedrío y se convierten en parte de la gran máquina de una cadena de montaje:

> Independientemente de la voluntad del trabajador, el artículo que se trabaja entra en su radio de acción y se aleja de él con la misma arbitrariedad. "Es una característica común de toda producción capitalista...," escribió Marx, "que el trabajador no se sirve de las condiciones de trabajo. Las condiciones de trabajo se sirven del obrero; pero hace falta la maquinaria para dar a esta inversión una forma técnicamente concreta." Al trabajar con máquinas, los trabajadores aprenden a coordinar "sus propios movimientos con los movimientos uniformemente constantes de un autómata." Estas palabras arrojan una luz peculiar sobre el tipo absurdo de uniformidad con el que Poe quiere ensillar a la multitud: uniformidad de atuendo y comportamiento, pero también uniformidad de expresión facial. Esas sonrisas dan que pensar. Probablemente sean del tipo familiar, como se expresa en la frase "sigue sonriendo."[77]

Benjamin intuye que la fisonomía de la multitud modernista expresa de algún modo la conmoción que sufren los obreros en la fábrica, porque el entorno urbano está igualmente mediado tecnológicamente, aunque a los propios escritores modernistas no les interese la producción capitalista. Para

---

[75] Benjamin, "On Some Motifs in Baudelaire," 175.
[76] Benjamin, "On Some Motifs in Baudelaire," 171.
[77] Benjamin, "On Some Motifs in Baudelaire," 175. Benjamin aquí no citó la Fuente de la cita de Marx.

Benjamin, los rasgos mecánicos de la multitud fascinan tanto a Poe como a Baudelaire por esta misma razón:

> La chocante experiencia que tiene el transeúnte en la multitud corresponde a lo que "experimenta" el obrero en su máquina. Esto no nos da derecho a suponer que Poe supiera algo sobre los procesos de trabajo industriales. Baudelaire, en todo caso, no tenía la menor noción de ellos. Sin embargo, estaba cautivado por un proceso por el que el mecanismo de reflexión que la máquina pone en marcha en el obrero puede ser estudiado de cerca, como en un espejo, en el trabajador holgazán.[78]

Tal y como la teoriza Benjamin, la multitud es un espejo de la modernidad. Es sencillo asociar la multitud con su otro rasgo destacado, el de la mecanización.

Curiosamente, sin embargo, Woolf encuentra en la multitud una salvación de lo que la máquina destruye. Que la gente camine despreocupadamente por las calles, haciendo sus recados cotidianos como comprar flores, se ve como un lugar de experiencia compartida y un símbolo de interconectividad para Woolf, ya que ella ha experimentado la destrucción de la guerra. En la cita anterior— "pero que, de algún modo en las calles de Londres, en el flujo y reflujo de las cosas, aquí, allá, ella sobrevivía, Peter sobrevivía, vivían el uno en el otro"— el hecho de que ella y su antiguo amante sobrevivan para disfrutar de otro día ordinario, vagando libremente por las calles, se aprecia profundamente cuando lo pone en contraste con la devastadora guerra en la que todo ese disfrute queda suspendido. Pero Clarissa se siente afortunada no solo porque ha sobrevivido a la guerra, sino sobre todo porque la muerte de su vida individual no importa tanto si no se centra en su yo individual, sino que se identifica con la multitud: "¿Acaso importaba entonces, se preguntaba, caminando hacia Bond Street, acaso importaba que tuviera que desaparecer completamente?" (11). A diferencia de cómo Benjamin lee a Poe y Baudelaire, aquí Woolf asocia la multitud con la colectividad y la continuidad, así como su estética de la sensación universal, con el telón de fondo de la guerra.

Benjamin encapsula la modernidad con su palabra clave "shock," con la que quiere decir, como lo resume Anna Jones Abramson, que "el sujeto es bombardeado con estímulos sensoriales novedosos", "en un medio urbano acelerado, tecnológicamente mediatizado y en constante cambio."[79] El sujeto debe emplear su conciencia para protegerse de los estímulos excesivos cerrando el

---

[78] Benjamin, "On Some Motifs in Baudelaire," 176–77.
[79] Anna Jones Abramson, "Beyond Modernist Shock: Virginia Woolf's Absorbing Atmosphere," *Journal of Modern Literature* 38, no. 4 (2015): 41.

sistema sinestésico, como Benjamin discierne en la poesía de Baudelaire "la imagen del esgrimista": "los golpes que asesta tienen por objeto abrirle un camino entre la multitud."[80] En el paradigma de Benjamin, "el individuo está en desacuerdo con la ciudad, chocando con sus muchas tecnologías disruptivas y discordantes."[81] Pero para Woolf, el choque no provoca autodefensa sino una reacción colectiva que sirve a una unidad de la multitud. En *La Señora Dalloway*, Woolf escribe sobre la multitud que oye un disparo de pistola procedente de un coche de motor (16), mientras la gente empieza a adivinar quién es la persona importante sentada en el coche de motor. Esta preocupación compartida une inmediatamente a la multitud, que hace un momento estaba desordenada.

> Así y todo al instante empezaron a circular rumores desde el corazón de Bond Street a Oxford Street por un lado, hasta la perfumería de Atkinson por otro, deslizándose invisibles, inaudibles, como una nube, decidida, como un velo sobre una loma, y cayendo precisamente con algo de la sobriedad repentina de la nube y con su misma sobriedad, sobre unos rostros, que un momento antes, estaban completamente alterados. (12)

Aquí, la imagen de la nube amortigua y absorbe metafóricamente el choque, por la propia razón de que se trata de una experiencia colectiva. Como observa Abramson, en este caso es "la propia atmósfera urbana", más que la psique sobreexcitada y a la defensiva, la que "funciona como amortiguador."[82] De este modo, Woolf incorpora el shock moderno y la multitud a su estética de la sensación universal: tras el shock, la autora o sus personajes volverían su atención hacia lo colectivo en busca de una sensación de confort y tranquilidad.

Además de la multitud, la vida cotidiana es para Woolf otro lugar donde sentir la pulsación de la sensación universal compartida por todos. Mientras que para Pater la sensación universal pasa implacable, como la corriente de Heráclito, Woolf encuentra una forma de participar en la sensación universal y, de hecho, de organizarla. Este ritmo somático que puntúa la sensación universal puede encontrarse, propone Woolf, en el lugar de nuestra vida cotidiana habitual.[83] Lo cotidiano es donde podemos relajar nuestra conciencia individual para seguir las órdenes de nuestro patrón biológico, patrón que comparten

---

[80] Benjamin, "On Some Motifs in Baudelaire," 165.
[81] Abramson, "Beyond Modernist Shock," 41.
[82] Abramson, "Beyond Modernist Shock," 41.
[83] Para estudios sobre las concepciones de Woolf sobre la vida cotidiana, véase Liesl M. Olson, "Virginia Woolf's 'Cotton Wool of Daily Life,'" *Journal of Modern Literature* 26, no. 2 (2003): 42–65; J. Hillis Miller, "Mrs. Dalloway: Repetition as the Raising of the Dead," en *Fiction and Repetition: Seven English Novels* (Harvard University Press, 1982), 176–202.

universalmente todas las vidas orgánicas, patrón que responde a la estructura cíclica de la tierra, como el día y la noche. Woolf llama al ritmo de nuestra vida cotidiana "una especie de algodón anodino" que nos aísla y protege de los momentos de conciencia elevada.[84] A pesar de que nuestra vida cotidiana no se vive conscientemente, esta relajación de nuestra conciencia para unirnos al patrón universal es ya para Woolf una fuerza interior nuestra capaz de puntuar el flujo de la sensación universal con un ritmo habitable. Para Woolf, que ha sufrido los traumas de las guerras y su propia enfermedad mental, los días tal como se viven ordinariamente, sin mucho esfuerzo por mantenerlos, son aún más preciosos. En *La Señora Dalloway,* donde Septimus, que sufre un trauma de guerra, se ve perturbado por sus alucinaciones, se siente enraizado al observar cómo su esposa se desenvuelve en su vida cotidiana, lo que crea un orden reconfortante para el hogar. Por ejemplo, Rezia tiene la costumbre de obsequiar a la chica del periódico con unos caramelos:

> Lo que siempre ocurría, ocurrió entonces, lo que pasaba todas las noches de su vida. La chiquilla se chupaba el pulgar, en el umbral de la puerta; Rezia se arrodillaba; Rezia le hacía carantoñas y la besaba; Rezia sacaba una bolsa de dulces del cajón de la mesa. Porque así ocurría siempre. Primero lo uno, luego lo otro. Así lo construía ella: primero lo uno, luego lo otro. (104)

La vida cotidiana sigue un patrón cíclico, repetitivo, familiar. La vida cotidiana proporciona una cadencia reconfortante como la de las olas, que por contraste permite la participación humana y la organización de la sensación universal que pasa sin cesar. En este pasaje, Rezia y Septimus disfrutan de su momento más feliz, mientras Septimus dirige a Rezia cosiendo una extraña combinación de cintas, cuentas, borlas y flores artificiales en un sombrero: "Ella lo construyó; primero una cosa, luego otra, ella lo construyó, cosiendo" (160). Primero una cosa, luego otra: a través de los familiares rituales cotidianos, Rezia construye un orden. El sombrero es un regalo para la Sra. Peters. Para Septimus, el orden de lo cotidiano ayuda a cimentar su elevada conciencia de alucinación: "Era tan real, era tan sustancial, el sombrero de la señora Peters" (159). Tanto en la costura de Rezia como en la de Clarissa, el ritmo cotidiano se aprecia en el sentido de que no es simplemente algo dado; es un esfuerzo por relajar de nuevo la sobresaltada y sobreexcitada conciencia individual— un símbolo de recuperación, una fuerza interior para participar en la sensación universal.

---

[84] Virginia Woolf, "A Sketch of the Past," en *Moments of Being: A Collection of Autobiographical Writing,* ed. Jeanne Schulkind, 2nd ed. (San Diego: Harcourt, 1985), 70.

Tanto Rezia cosiendo cintas y abalorios en un sombrero para hacer un regalo, como Clarissa remendando el vestido roto para la fiesta, son símbolos de la escritura de Woolf, de su misión de "unir las partes cortadas."[85] Escribir para Woolf es el puente entre la conciencia individual elevada y la rítmica sensación universal, como señala la pintora Lily Briscoe en *Hacia el Faro*: "Era una cuestión, recordaba, de cómo conectar esta masa de la mano derecha con la de la izquierda."[86] En su ensayo de memorias "Un esbozo del pasado", Woolf confiesa que escribir para ella no es nunca una mera reproducción ingenua de su recuerdo infantil de las olas, sino más bien un *retorno voluntario* a sus sensaciones con el océano. En el ensayo de memorias, Woolf describe violentas sacudidas que la sobresaltan de repente, de modo que ya no puede permanecer cómodamente en el orden rítmico de su vida cotidiana, "este algodón, este no-ser" (71). El choque puede ser negativo, ya que destroza su sentido de la unidad: por ejemplo, de niña oyó que una persona se suicidaba y sintió que su propio cuerpo estaba "paralizado", ella misma en "un trance de horror" (71)— que sabemos es la experiencia original a partir de la cual Woolf construye la escena de *La Señora Dalloway*, en la que Clarissa oye a Septimus tirarse por la ventana. El choque puede ser también una revelación epifánica del orden que hay detrás de la apariencia, por ejemplo, cuando la joven Virginia estaba mirando el arriate del jardín de St. Ives lleno de flores, se da cuenta de que "la flor misma era una parte de la tierra" (71). Woolf analiza la diferencia entre el shock positivo y el negativo. Mientras que los choques negativos mantenían impotente a la niña Virginia, el positivo contiene en su interior un orden, y este orden la ayudará, con el tiempo, a recuperarse del violento choque: "en el caso de la flor encontré una razón; y así pude hacer frente a la sensación. No me sentí impotente. Era consciente— aunque solo fuera a distancia— de que con el tiempo debería explicarlo" (72). Woolf supone "que esta capacidad de recibir conmociones es lo que me convierte en escritora" (72). Y de la experiencia positiva de la flor, Woolf aprende que escribir para ella significa esencialmente una actividad cerebral que proporciona una razón a sus conmociones originales.

Siento que he recibido un golpe; pero no es, como pensaba de niño, simplemente un golpe de un enemigo oculto tras el algodón de la vida cotidiana; es o se convertirá en una revelación de algún orden; es una muestra de algo real tras las apariencias; y lo hago real poniéndolo en palabras. Solo al ponerlo en palabras lo hago entero; esta entereza significa que ha perdido su poder para herirme; me produce, quizá

---

[85] Woolf, "A Sketch of the Past," 72.
[86] Woolf, *To the Lighthouse*, 62.

porque al hacerlo le quito el dolor, un gran placer *unir las piezas que se han roto* (72, el énfasis es mío).

Mientras que Woolf se siente conectada cuando puede relajar su autoconciencia, la escritura se convierte en un remedio catártico tras recibir una conmoción. Escribir para Woolf es como si Clarissa organizara una fiesta, que ofrece para reunir a las personas después de haber estado separadas durante años: "Y era una ofrenda", Clarissa musita para sí misma su propósito de ser anfitriona, "para combinar, para crear" (135). Pretende reanudar el orden, tras una cierta conmoción que ha intensificado la conciencia individual. Aquí encontramos que la estética de Woolf se centra en la dialéctica entre el shock que destroza el mundo y la fuerza para recomponerlo. Las conmociones más intensas que Woolf sufre a lo largo de su vida, por supuesto, son las dos Guerras Mundiales, mientras que los loci en los que Woolf siente la sensación de las olas, esa sensación oceánica— en la experiencia compartida como en la multitud y en la vida cotidiana— son también característicos de la modernidad de entreguerras, ya que solo después de la guerra se vuelve precioso para la gente pasear despreocupadamente por las calles, haciendo sus recados cotidianos como comprar flores. Sin embargo, una cuestión que inquieta a Woolf, y que debe explorar a través de su ficción autofilosófica *Las olas*, es si la razón que proporciona la escritura puede sustituir a la relajación que otorga la sensación oceánica, una cuestión que trataré con más detalle.

***

Sin embargo, dos profundas ironías están siempre presentes en la reflexión de Woolf sobre su práctica de la escritura. La primera es que el orden que encuentra en la sensación rítmica no es más que un remedio tras el trauma, un intento de consolarse a sí misma tras el shock. De hecho, Woolf es capaz de la ironía más brutal sobre sí misma, ya que publicaría con su marido, en la Hogarth Press, una traducción al inglés de *Civilización y Descontento* (1930) de Freud. En el libro, Freud estudia el "sentimiento oceánico" woolfiano, "un sentimiento que abarcaba el universo y expresaba una conexión inseparable del ego con el mundo exterior", pero deconstruye este sentimiento beatificado de unidad y le da una explicación científica apática: como un "sentimiento primario del ego" de un bebé que no sabe que está separado del mundo, y que al conservarse en los adultos se convierte en la fuente de sentimientos religiosos.[87] En este libro, Freud utiliza los términos menos comprensivos para

---

[87] Sigmund Freud, *Civilization and Its Discontents*, trans. Joan Riviere (London: Hogarth Press, 1930), 13.

describir el sentimiento oceánico de la niña como un "narcisismo sin límites" (21), y para acusar a nuestro sentimiento religioso en general de "remedios paliativos" (25) a las penurias de la vida. Sin embargo, la crítica de Freud, como pasaré a argumentar, no es ni totalmente injusta ni totalmente ajena a la valoración que la propia Woolf hace de su vocación como escritora.

La ironía sobre el sentimiento oceánico de Woolf está presente de forma autoconsciente en *La Señora Dalloway* cuando nos damos cuenta de que, a menudo, los personajes de Woolf son extremadamente ingenuos, y el consuelo que les ofrece la sensación universal suele ser subjetivamente sentimental, que no se ocupa de la experiencia traumática en sí. Clarissa, que no conoce a Septimus en persona, medita sobre la muerte del veterano durante un momento y la supera, mientras que el dolor de Rezia no se menciona en absoluto en la novela. Es decir, la afirmación que se ofrece en la novela es en realidad tan superficial como una mirada ajena a lo que sucede. Por ello, la figura de la artista Lily Briscoe en *Hacia el Faro* comenta: "tanto depende, pensó, de la distancia: de si la gente está cerca o lejos de nosotros" (217). Sin duda, Woolf tiene experiencia de primera mano de la enfermedad mental y ciertamente ve una parte de sí misma en Septimus, y los críticos han estado leyendo Clarissa y Septimus como un doble que presenta diferentes partes de la propia psicología. Pero la cuestión aquí no es ciertamente lo que Woolf ha experimentado personalmente, sino más bien la ironía dramática que Woolf emplea para comentar la disparidad entre su vocación de escritora y su propio ideal estético de sensación oceánica.

Woolf se pregunta a menudo con dureza si este poder escritor de obtener un orden panorámico, en el momento en que la razón es capaz de *desprenderse* de la conmoción de la experiencia original y contemplarla desde la perspectiva de un observador desinteresado, es congruente con su ideal estético de *sumergirse* en la sensación oceánica. En un pasaje notable de *La Señora Dalloway*, Elizabeth, la hija de Clarissa, está sentada en lo alto del *ómnibus*, contemplando el alboroto de la calle londinense, y musita para sí misma que la música militar podría ser consoladora para los testigos de los muertos, sin más razón que la de que esta sensación colectiva, mucho más grande que cualquier frágil individuo, seguirá adelante y nos arrastrará, inconscientes e indiferentes como somos. El notable pasaje merece ser citado íntegramente:

> Le gustaba la afabilidad, hermandad y maternidad de este tumulto. Le parecía bueno. El ruido era tremendo; de repente tronaron unas trompetas (los desempleados), por encima del tumulto; música militar; como si la gente estuviese desfilando; y sin embargo, si hubiesen estado muriéndose, si alguna mujer hubiese echado su último suspiro, y cualquiera que estuviese mirando, al abrir la ventana del cuarto en el

que aquella mujer acababa de realizar ese acto de suprema dignidad, hubiera mirado a Fleet Street, a ese tumulto, esa música militar le habría llegado triunfante, consoladora, indiferente. No se trataba de algo consciente. No había en ello reconocimiento de la fortuna o del destino de uno, y por esa misma razón precisamente, incluso para los que estaban deslumbrados contemplando los últimos temblores de la conciencia en el rostro de los moribundos, era consolador.

La contemplación de Elizabeth aquí es extrañamente desalmada. La sensación universal podría ser consoladora para Elizabeth ya que para ella el muerto es un extraño, pero seguramente no si el muerto es mi propia madre. Pero tal es la irónica interrogación de Woolf sobre sí misma como escritora: ¿puede explicar la pena una escritora sentada en lo alto del ómnibus, que puede ver así que formamos parte de la sensación universal en virtud de su perspectiva privilegiada?

Mientras que Clarissa tiene una disposición natural a sumergirse en la sensación universal, aquí Elizabeth observa el movimiento fantasmagórico de esta desde la distancia, encima de un ómnibus. En el artículo de Susan Buck-Morss, "Estética y Anestesia," analiza el efecto anestésico de la fantasmagoría. Mientras que "el shock es la esencia misma de la experiencia moderna,"[88] la fantasmagoría, o una visión total de la realidad solo como apariencia superficial, ya que la tecnología ha alterado nuestro entorno hasta el punto de que estamos constantemente abrumados por estímulos sensoriales, "tiene el efecto de anestesiar al organismo"[89] de sufrir un shock. Aunque la fantasmagoría es una realidad compartida por los modernos, para un *flâneur* experimentado, que sabe muy bien cómo deambular por la ciudad, este efecto fantasmagórico es deseado:

> Benjamin describe al *flâneur* como autodidacta en esta capacidad de distanciarse convirtiendo la realidad en una fantasmagoría, en lugar de dejarse atrapar por la multitud, ralentiza su paso y la observa, haciendo un dibujo de su superficie. Ve a la multitud como un reflejo de su estado de ánimo onírico, una "intoxicación" para sus sentidos.[90]

Aquí, el *flâneur* está marcado por la capacidad de desprenderse de la realidad y de convertirla en una representación superficial. Este es también el proceso en el que puede complementar la realidad con la razón y el orden, "haciendo

---

[88] Buck-Morss, "Aesthetics and Anaesthetics," 16.
[89] Buck-Morss, "Aesthetics and Anaesthetics," 22.
[90] Buck-Morss, "Aesthetics and Anaesthetics," 24.

un patrón de su superficie", y proteger así el corazón del sufrimiento del shock. Pero Woolf tiene reparos y culpa en el proceso de desprenderse de la experiencia original. Mientras que Woolf ha escrito que "esta capacidad de recibir conmociones es lo que me convierte en escritora" y ha explicado que el propósito de la escritura es liberarla de la conmoción original, le inquieta el hecho de que el proceso de escribir la separe necesariamente de la experiencia, del mismo modo que Elizabeth ofrece su simpatía como espectadora sentada en lo alto del ómnibus. En un sentido metafísico, el acto de escribir también obliga a Woolf a mantener la posición de observadora consciente, a extraerse de la sensación universal en la que le gustaría sumergirse, como el bullicio de las multitudes y las calles de Londres, y convertirla en fantasmagoría superficial. Tales son las ironías innatas en la vocación de Woolf por la escritura y su ideal de sensación universal, que explora en sus ficciones autofilosóficas.

Las preguntas que Woolf se plantea aquí son, en primer lugar: ¿cuál es el poder de su escritura y cuál el de su razón?, ¿cuál de los dos intenta sellar la herida y unir las partes seccionadas? ¿Podría ser que la afirmación que ofrece su escritura sea meramente teórica, y no vivencial, como, de hecho, ajena a Clarissa y Septimus, como la espectadora y la que sufre? ¿No será que la escritura es una especie de tecnología que funciona como un anestésico que sirve para cortar la conexión neurológica entre el cerebro y el cuerpo, y permite al cirujano una posición privilegiada para diseccionar tranquilamente el cuerpo, sin sufrir la carga emocional del dolor del paciente?[91] Idealmente, la que sufre intensamente y se encuentra aislada debería encontrar consuelo si pudiera relajar un poco su conciencia asustada y buscar la conexión con el ritmo oceánico que promete llevarla y sostenerla. Pero en el diseño de Woolf, la Septimus que sufre no puede ser salvada por ello, mientras que las figuras de la artista, las figuras que proporcionan la razón en las novelas de Woolf— Clarissa Dalloway y Lily Briscoe—nunca han desempeñado un papel más significativo que el de *espectadora*. El trauma y la razón en la escritura de Woolf nunca han estado integrados.

La segunda cuestión, o la dura autocrítica de Woolf, es que el orden compuesto de palabras no puede, ontológicamente, sustituir a la sensación oceánica de la calle. Discutiendo la filosofía de la escritura de Woolf en "A Sketch of the Past", Benjamin D. Hagen señala acríticamente que el sentido del orden de Woolf está compuesto esencialmente de palabras, y que de hecho transporta su totalidad oceánica a una composición verbal: "Encontrar el motivo de una conmoción y ponerlo en palabras son, para Woolf, actividades diferenciales, creativas, que traducen el funcionamiento fundamental del mundo en una composición verbal que adquiere una sensualidad y una verdad

---

[91] Buck-Morss, "Aesthetics and Anaesthetics," 18.

propias."[92] Pero yo sostengo que para Woolf esta composición del mundo artístico no es ninguna gloria artística, sino algo tan irónico como el cisne de Mallarmé atrapado en la nada del lenguaje. Las reconciliaciones ofrecidas en la novela siempre han sido meramente simbólicas, cuyo valor literario no se extiende más allá del mundo de la ficción. En *La Señora Dalloway,* el orden compuesto por la razón está simbolizado por la fiesta de Clarissa, que reúne a la gente solo a nivel superficial, mientras que Septimus tira su vida por la borda. Del mismo modo, en *Al Faro,* la reconciliación de la familia, tras la guerra y la muerte y el odio del hijo hacia su padre durante toda su adolescencia, se produce mediante el acto simbólico de la familia navegando junta por el mar hasta el faro. La reconciliación solo reside en estados de ánimo transitorios, subjetivos e incomunicados. Y Woolf deja claro que este orden es propiciado por su autoridad artística: la figura de la artista, Lily Briscoe, termina su cuadro al mismo tiempo y en paralelo con el desembarco de la familia en el faro.

Para Woolf, la ficción autofilosófica es el género para examinar la ironía entre la representación y la sensación oceánica, para desplegar la distancia entre la práctica y el ideal, para examinar si una idea es viable y para, en cierto modo, reconocer los valores tanto de su ideal estético como de sus intentos heroicos. La meditación de Woolf sobre la escritura es sintomática de los escritores modernistas: es un rigor extremo de autorreflexión, que a menudo conduce al punto de la ironía autodestructiva. En su novela autofilosófica, *Las Olas,*[93] Woolf examina dolorosamente esta distancia entre la teoría y la experiencia, entre la escritura que proporciona una razón y la experiencia de los que sufren la conmoción, entre la representación que es la visión de una conciencia individual y la sensación oceánica que le pide a uno que se una al todo.

Las Olas es la novela más experimental de Woolf, compuesta de soliloquios sostenidos de seis personajes estrechamente ligados que, estilísticamente armonizados, están evidentemente hablados por una sola conciencia. Como Woolf comenta en su diario, "la cosa es mantenerlos [los soliloquios] corriendo homogéneamente dentro y fuera, al ritmo de las olas" (*Diario,* 20 de agosto de 1930).[94] Entre los seis personajes, Bernard es el escritor que representa la autoexpresión externa de Woolf, que posee poder intelectual y articula el ideal de Woolf de la unión primigenia. Con el personaje de Bernard, Woolf comenta su vocación— de hecho, una especie de compulsión— de dibujar constantemente con la escritura un país de ensueño en el que los yoes individuales puedan

---

[92] Benjamin D. Hagen, "Feeling Shadows: Virginia Woolf's Sensuous Pedagogy," *PMLA* 132, no. 2 (March 1, 2017): 132 (emphasis mine).
[93] Virginia Woolf, *The Waves* (London: The Hogarth Press, 1931).
[94] Virginia Woolf, *A Writer's Diary,* ed. Woolf Leonard (San Diego: Harcourt, 1981), 156 (Aug 20, 1930).

disolverse. La novela comienza con Jinny besando a Louis, Susan sintiéndose alienada al verlos besarse y Bernard, el escritor, intentando redibujar la unión *con palabras*. La confianza ingenua e irreflexiva de Bernard en el poder de las palabras, muy irónicamente, sin embargo, se lee como un franco comentario metaficcional sobre la carrera de escritora de Woolf. Pero Bernard es muy sincero cuando considera que la escritura es el único medio de recomponer las cosas cuando se interrumpe la unidad primigenia.

'Pero cuando nos sentamos juntos, cerca,' dijo Bernard, 'nos fundimos en *frases*. ...Hacemos un *territorio insustancial*' (11, el subrayado es mío).

Bernard es la figura del escritor en *Las Olas* que tiene el poder de dibujar una tierra de ensueño de la unión primigenia; en la novela, esta tierra está debajo de una selva tropical donde las raíces de los árboles se enredan, las sensaciones se amortiguan y los yoes se oscurecen, "el territorio sin sol de la no identidad" (83). Se supone que el "territorio insustancial" de Bernard imita la tierra bajo el árbol, a la que Louis se siente unido, pero Susan expresa su desconfianza: "Pero tú te alejas; te escabulles; te elevas más alto, con palabras y palabras en frases" (11). Para Susan, el poder intelectual de Bernard tiene un aire imaginativo que, aunque dibuja un país de ensueño artificial, no es más que un simulacro insustancial que no puede sustituir la conectividad terrenal que se siente en sus sensaciones más primitivas.

Woolf es más autocrítica cuando señala con franqueza que la escritura como actividad también hace que, paradójicamente, la escritora sea más consciente de sí misma. Para observar las cosas, inventar tramas y dotarlas de sentido, la escritora tendrá que diferenciarse del mundo del que se siente parte y su conciencia trascenderá como sujeto opuesto al mundo. También necesitará un público que la escuche y ganar atención significa gratificar el propio ego. En uno de los momentos reveladores, Bernard comenta cómo la escritura le devolverá la identidad:

Pero he aquí que regresa. Uno no puede extinguir ese olor persistente. Se cuela por alguna grieta de la estructura— la identidad de uno. No soy parte de la calle— no, observo la calle. Uno se separa, por tanto. Por ejemplo, en esa calle trasera hay una chica esperando; ¿a quién? Una historia romántica. ...Es decir, soy un acuñador natural de palabras, un soplador de burbujas a través de una cosa y otra. Y, lanzando estas observaciones espontáneamente, me elaboro; me diferencio y, escuchando la voz que me dice al pasar: "¡Mira! ¡Toma nota de eso!". me concibo llamado a proporcionar, alguna noche de invierno, un sentido a todas mis observaciones. (82-3)

En una frase, "Yo no formo parte de la calle—no, yo observo la calle", Woolf deja al descubierto la paradoja entre su deseo de sumergirse en sensaciones universales y su vocación de escritora para dibujar ese país de ensueño—hecho solo con palabras. Hacia el final de la novela, cuando Bernard es ya un moribundo, enuncia la pregunta más difícil para un artista, cuyo ideal estético es renunciar al yo individual y unirse a la sensación universal, y que se pregunta constantemente cómo conseguirlo realmente con sus medios de escritura: "¿Cómo describir el mundo visto sin un yo?" (204). En este punto, Bernard parece comprender demasiado bien que su conciencia individual siempre estará nítidamente delimitada simultáneamente con su acto de escribir, y por ello jura renunciar a las palabras: "No hay palabras... Uno inhala y exhala con un aliento sustancial" (*ibid.*). El término "aliento sustancial", que rima con los sentimientos oceánicos de Woolf y nos recuerda nuestra conexión básica con el movimiento universal, contrasta agudamente con el "territorio insustancial" de Bernard, escritor e imaginativo, confinado en una mente individual. Hacia el final de la novela, Woolf parece burlarse muy amargamente de su propia carrera como escritora:

> Cuánto mejor es el silencio; la taza de café, la mesa. Cuánto mejor sentarme sola como el ave marina solitaria que abre sus alas en la estaca. Déjame sentarme aquí para siempre *con las cosas desnudas*. (210, el énfasis es mío)

A Bernard ahora solo le importan las cosas desnudas, y ya no está obligado a darles un significado humano, que, en la tradición idealista, se apropiará inevitablemente de la cosa que se contempla y la subyugará al territorio insustancial de la conciencia humana. Así de amarga es la autoburla de Woolf.

La ficción autofilosófica de Woolf sitúa su ideal de unidad oceánica en el contexto de su vocación de escritora. Pero entonces descubre que el principal medio a través del cual repara el orden perturbado, el de la escritura, le impide paradójicamente sumergirse en la sensación universal. La ficción autofilosófica sirve para exponer la historia entre bastidores de cualquier ideal filosófico, mientras que su propósito en sentido positivo es señalar posibles arenas de transformación. La *Recherche* de Proust, que podría leerse como una alegoría de la apropiación idealista, pone en primer plano la cuestión de la capacidad receptiva del artista, ya que vemos que Marcel, en su ansia por poseer por completo al objeto de su amor, deja de percibir la plenitud sensual en el momento presente, y solo puede recuperarla más tarde en el palacio de su memoria. Por otra parte, *Las Olas* de Woolf acentúa la cuestión de la práctica de la escritura, que está esencialmente disociada de su cultivo del yo, de relajar su conciencia para sumergirse en la sensación universal. La cuestión final a la que me dedicaré en las últimas páginas del libro es, pues: ¿Cómo podríamos reconceptualizar nuestra práctica de la escritura de forma que estuviera relacionada con nuestro cultivo del yo? Se trata de una pregunta a la que puede responder mejor el género de la ficción autofilosófica y, de hecho, uno de los retratos imaginarios de Pater.

VI. Remembranza de la Casa

En su relato corto imaginario "El Niño en la Casa,"[95] Pater articula una ética del recuerdo, que podría leerse como una miniatura de la búsqueda consumada que Marcel en *Recherche* anticipa tenuemente, pero que finalmente no llega a articular. Esta pequeña pieza reconceptualiza el recuerdo como un acto que rastrea el origen de nuestra individualidad hasta nuestra habitación y habituación material, y por tanto extirpa al arte de su dominio idealista. Al igual que su *Marius el Epicúreo* y la *Recherche* de Proust, Pater presenta sus ideas a través de un ensayo autofilosófico, pues el personaje concreto es el instrumento más eficaz que sirve para decirnos, no tanto el valor de verdad de una determinada filosofía, sino el impacto de adoptar una determinada visión del mundo en la propia vida. Las preguntas centrales para la ficción autofilosófica, una que no enuncia ninguna idea como verdad absoluta, sino que explora a través de ellas con un personaje concreto, son: ¿cuál es el modo de refinamiento requerido para mi ideal estético, y aquí lo más importante, ya que tenemos presente el enigma de Woolf, puede la escritura ser parte integrante de mi ideal estético?

El héroe de Pater, Florian, recuerda por casualidad el nombre del barrio de su infancia e inicia un viaje de autorreflexión en el que rastrea "los hilos de su complejo hábito espiritual" hasta su ciudad natal. Florian se da cuenta de que sus sentimientos habituales y su forma de ver las cosas vienen dados por la atmósfera de la casa: "*Florian* descubrió que debía al lugar muchos tonos de sentimiento que después fueron habituales en él, ciertas luces interiores bajo las cuales las cosas se le presentaban más habitualmente" (15). Resulta que las impresiones de Florian sobre la ciudad natal de su infancia pueden traducirse en una preferencia de "un estado de ánimo imaginativo bien reconocido", y este estado de ánimo estaría tan arraigado en él que en realidad se convierte en "una parte de la textura de su mente" (16). Sus impresiones infantiles pueden traducirse en predilecciones más generalizadas; por ejemplo, Florian relaciona su preferencia por "una especie de elegancia y dignidad" con "la gente pálida de las ciudades" que estaba acostumbrado a ver (16). Florian insiste en que el gusto del niño está moldeado por su habituación temprana y familiar, y su teoría es realmente radical en el sentido de que nuestra

---

[95] Water Pater, *The Child in the House: An Imaginary Portrait* (Thomas B. Mosher, 1896). Publicado por primera vez en Macmillan's Magazine, Aug. 1878.

percepción habitual puede traducirse correspondientemente en la estructura de nuestra vida interior:

> Nuestras susceptibilidades, el descubrimiento de nuestros poderes, las múltiples experiencias—nuestra variada experiencia del ir y venir de los dolores corporales, por ejemplo—pertenecen a este o al otro lugar bien recordado de la morada material—esa pequeña habitación blanca con la ventana a través de la cual las pesadas flores podían batirse tan malhumoradamente en el viento, justo con esa particular captura o palpitación, tal sensación de burla en ella, en la mañana de racheado. (18)

Lo que admitimos en nuestras experiencias, cómo entendemos nuestros poderes, cómo reaccionamos ante las experiencias al mismo tiempo que definimos sus impactos de carácter psíquico, en resumen, nuestra estructura psicológica—sostiene Florian— está conformada en primer lugar por nuestra temprana adquisición sensual. Lo que dota a Florian de su gusto estético y su estado de ánimo habitual, e incluso define su estructura del deseo e interpreta para él sus sufrimientos y pasiones: "el ángulo con el que el sol de la mañana caía sobre la almohada— se convierten en partes de la gran cadena con la que estamos atado" (18).

Lo que Florian propone aquí equivale a una teoría de la subjetividad que se rebela directamente contra el dualismo cartesiano y la división kantiana sujeto-objeto. Nuestra vida no se define como un cerebro aislado flotando en una cuba; existe un *sustrato* de vida que está profundamente incrustado en el mundo material, traduciendo las percepciones en predilecciones e interpretando para nosotros toda la experiencia venidera. Nuestro cuerpo, que a través del tiempo recibe las huellas indelebles de las fuerzas que lo rodean, moldea así en nosotros una sensibilidad única. Es decir, nuestra sensibilidad no es tan ideal como suponen los románticos; está moldeada en primer lugar por nuestro entorno material habitual. Una vez Florian, de niño, se encuentra con un magnífico espino en flor y, "por primera vez, le pareció experimentar un apasionamiento en su relación con los bellos objetos exteriores, una excitación inexplicable en su presencia, que le perturbaba, y de la que medio ansiaba liberarse" (30). Su amor por el espino le inspira también el deseo de ver sus diversas encarnaciones en esta tierra. Las cosas de color rojo carmesí, como el color utilizado "en las obras de los antiguos maestros venecianos, o en los viejos tapices flamencos", evocarían en él "el recuerdo de la llama en esos pequeños pétalos que perecen" (29). Y además, esta experiencia con el espino también inicia su anhelo de "cosas físicamente bellas", que es "una especie de tiranía de los sentidos sobre él" (30). Por último, ese impresionante amor por el espino también obliga a Florian a afirmar para él la realidad del mundo material, pues define su empirismo como "la necesidad que tenía de asociar todos los pensamientos al tacto y a la vista, como un vínculo simpático entre él y los objetos reales, sensibles y vivos; una protesta a favor de los hombres y mujeres reales contra las meras abstracciones grises e irreales" (31).

La teoría de Pater de que nuestra sensibilidad se inicia por una intensa instancia de amor también lleva una alusión consciente, aunque ambivalente, a la teoría del amor de Platón, pues vemos que Pater evoca la imagen de Platón de la hinchazón del alma del amante cuando está a punto de desarrollar alas: "¿Era algún momento periódico en la expansión del alma dentro de él, o mero truco de calor en el aire de verano cargado?". ("Niño" 29; cf. *Fedro* 251c). Pater mantiene aquí una distancia con Platón porque Pater desea argumentar que el arquetipo de la belleza no reside en los cielos, sino que pertenece a nuestra temprana existencia en esta tierra. Sin embargo, Pater toma prestada la noción de Platón de que nuestro amor hacia una cosa bella *iniciará* nuestra sensibilidad y que ampliaremos nuestro amor a todas las cosas bellas (*Simposio* 211c, el propio Pater traduce este pasaje en *Platón y el Platonismo*[96] p. 80). Tomando prestada la teoría del amor de Platón, lo que Florian articula aquí es la presencia de un anhelo inexplicable siempre que estamos en presencia de cosas bellas, ya que la estructura de nuestra sensibilidad está, en primer lugar, destinada en el acontecimiento de nuestro amor original.

En su célebre "Conclusión" a *El Renacimiento*, Pater nos insta a desprendernos de los hábitos estereotipados para que podamos mantener siempre la mirada fresca para captar sensaciones nuevas y exquisitas en un mundo de flujo:

¿Cómo pasaremos la mayoría de las veces rápidamente de un punto a otro y estaremos siempre presentes en el foco donde el mayor número de fuerzas vitales se unen en su energía más pura?

Arder siempre con esta llama dura como una gema, mantener este éxtasis, es el éxito en la vida. En cierto sentido podría incluso decirse que nuestro fracaso es formar hábitos: porque, después de todo, el hábito es relativo a un mundo estereotipado, y mientras tanto es solo la rugosidad del ojo lo que hace que dos personas, cosas, situaciones cualesquiera, se parezcan.[97]

La posición de Pater aquí en la "Conclusión" se opone frontalmente a lo que propone en el retrato imaginario de Florian. Pero el poder del género "retrato

---

[96] Walter Pater, *Plato and Platonism: A Series of Lectures* (Adelaide: Cambridge Scholar Press, 2002).
[97] Pater, *The Renaissance: Studies in Art and Poetry*, 250.

imaginario" es precisamente experimentar con una idea determinada en la propia vida, sin atribuir a la idea el estatus de única verdad posible. Comparando aquí las dos proposiciones, vemos dos concepciones sobre nuestra sensibilidad individual, y dos relaciones entre los humanos y la tierra. Uno se encuentra en medio de la vorágine de la sensación fugaz y debe sacrificar la estructura de su percepción habitual para dar la bienvenida a lo desconocido, mientras que el otro afirma su sensibilidad única tal y como la conforma la tierra. Las dos propuestas conducen a dos estéticas completamente diferentes, y Pater no intenta juzgar cuál de las dos tiene razón. Más bien, leyendo su obra, vemos su amplitud intelectual, su capacidad "para estar siempre probando curiosamente nuevas opiniones y cortejando nuevas impresiones, sin consentir nunca en una fácil ortodoxia de Comte, o de Hegel, o de la nuestra."[98]

Partiendo de su teoría de la subjetividad, Florian conecta su propuesta filosófica con una práctica ética del escritor, la del recuerdo, observa cuidadosamente la naturaleza de su sensibilidad y la atribuye a su propia formación material.

> Y sucedió que este accidente de su sueño era justo lo que necesitaba para el comienzo de cierto designio que entonces tenía en vista, la anotación, a saber, de algunas cosas en la historia de su espíritu— en ese proceso de construcción del cerebro por el que somos, cada uno de nosotros, lo que somos. (10).

Solo mediante el astuto acto de recordar podemos comprender que nuestra sensibilidad, por muy única que sea y por mucho que funcione para dar forma a nuestra experiencia, no es en primer lugar ideal, sino ecológica. Escribir, para Pater, es este recuerdo de lo que debemos a la tierra, y el propio acto de escribir debe impulsar al héroe a convertir esta percepción en sentimientos, experiencias y prácticas estéticas. Esta técnica de la autoescritura, por tomar prestada una noción de Foucault, tiene "una función *ethopoiética*,"—"es un agente de la transformación de la verdad en *ethos*."[99] El recuerdo de Florian a través de la autoescritura, por tanto, no es meramente una teoría post-humana que postula nuestra subjetividad encarnada como una verdad universal, aunque distante, sino que infunde en el héroe un sentimiento permanente de gratitud, pertenencia y añoranza de la tierra. Florian se entrega entonces a los efectos de

---

[98] Pater, *The Renaissance*, 250.

[99] Michel Foucault, *Ethics: Subjectivity and Truth*, ed. Paul Rabinow, trans. Robert Hurley, The Essential Works of Michel Foucault, 1954-1984 1 (New York: The New Press, 1997), 209.

las cosas bellas, y observa cuidadosamente cómo estas cosas bellas podían evocar en él un anhelo indecible, señal de que su sensibilidad se había iniciado en el acontecimiento de su amor original.

> Así que se rindió a estas cosas, para ser tocado por ellas como un instrumento musical, y empezó a notar con una vigilancia cada vez mayor, pero siempre con algún anhelo desconcertado e indecible en su disfrute, las fases de las estaciones y del día creciente o menguante, hasta los cambios sombríos que se producían en la pared desnuda o en el techo (33).

El ejercicio de nuestra sensibilidad individual, la práctica de la autoescritura atenta, no es por tanto un acto de apropiación idealista, es más bien un recuerdo de nuestro amor original hacia la tierra.

Entonces, ¿en qué se diferencia el recuerdo de Pater del que vemos en la *Recherche* de Proust, o del recuerdo extático de Woolf del batir de las olas? La diferencia radica en nuestras estructuras del amor, en las formas en que nos relacionamos con las cosas. Si, como sugiere Pater, nuestra estructura del amor está moldeada por nuestras relaciones más tempranas con nuestro objeto de amor, entonces podemos leer el deseo de Marcel por los besos fugaces de su madre a la hora de dormir, la unidad oceánica de Woolf y el acostumbramiento sensual de Florian como metáforas de cómo cada escritor se relaciona con el mundo exterior. Por poner un ejemplo, podemos comparar cómo la respuesta de Marcel ante un hermoso espino es tan diferente de la de Florian. De niño, Marcel ya se siente obligado a recurrir a su memoria para conservar su placer sensual, incluso cuando, lo que es más revelador, su objeto de amor es un árbol firmemente arraigado en la tierra, y nunca amenaza con marcharse.

> Mais j'avais beau rester devant les aubépines à respirer, à porter devant ma pensée qui ne savait ce qu'elle devait en faire, à perdre, à retrouver leur invisible et fixe odeur, à m'unir au rythme qui jetait leurs fleurs, ici et là, avec une allégresse juvénile et à des intervalles inattendus comme certains intervalles musicaux, elles m'offraient indéfiniment le même charme avec une profusion inépuisable, mais sans me laisser approfondir davantage, comme ces mélodies qu'on rejoue cent fois de suite sans descendre plus avant dans leur secret. (V1, p. 188)

La relación de Marcel con el espino es una reproducción de su relación con los insatisfactorios besos de su madre a la hora de dormir. Del mismo modo que Marcel se preparaba mentalmente para recibir los besos de su madre antes de acostarse y retener sus impresiones cada noche, del mismo modo que ya aprendió que su esfuerzo mental es el único medio disponible para compensar el fugaz placer, aquí realiza exactamente el mismo ritual con el espino. Marcel también siente que nunca podrá penetrar en el misterio del placer sensual, aunque esté allí para sentirlo, del mismo modo que nunca podrá comprender la independencia de su agraciada madre, que no parece ser empática con sus necesidades. Para Marcel, pues, el recuerdo es el único medio disponible para retener las imágenes de las cosas en la mente con el fin de poseerla por completo, ya que su intuición es que solo tal retención mental puede despojar a la cosa material de su misterio, y que solo esta comprensión conlleva un disfrute real de la cosa. De adulto, Marcel descubre que solo puede saborear la plenitud sensual en forma de recuerdo involuntario, contenido seguro de su mente. Pero Florian comprende el efecto de arraigo e iniciativa del espino, ya que el árbol, como la casa de su infancia, le proporciona cobijo, seguridad y no sin asombro. Esta sensación de seguridad permite a Florian mirar a su objeto de amor con gratitud y respeto.

En una de sus cartas, Pater comenta que "Niño en casa, *voilà*, es el germen, el original, la fuente, el espécimen, de toda mi obra imaginativa."[100] Y si leemos la teoría que Pater propone en esta pieza como premisa de todas sus obras imaginativas, incluida su crítica impresionista y sus retratos imaginarios, nos damos cuenta de que su subjetivismo no es idealista. Para Pater, la virtud más importante del crítico de arte es "el poder de conmoverse profundamente ante la presencia de objetos bellos."[101] Los objetos bellos— incluidas "todas las obras de arte y las formas más bellas de la naturaleza y la vida humana"— son todos ellos "poderes o fuerzas [capaces de] producir sensaciones placenteras", del mismo modo que experimentamos los poderes de "una hierba, un vino, una gema."[102] Es decir, Pater define el arte como objetos que producen fuertes o refinados poderes sensuales, más que como representación o expresión. Como crítico de arte, la pregunta que Pater se hace al apreciar una obra de arte es: "¿Cómo se modifica mi naturaleza por su presencia y bajo su influencia?".[103]

La individualidad es una cualidad muy importante para ser crítico de arte en la opinión de Pater, pero para él la individualidad no es puramente idealista. Pater afirma célebremente que la crítica de arte es el espejo del crítico que revela su sensibilidad: "La pregunta que se hace es siempre: ¿en quién se encontró el revuelo, el genio, el sentimiento de la época? ¿Quién fue el receptáculo de su refinamiento, su elevación, su gusto?"[104] En "El Niño en la

---

[100] Walter Pater, *Letters of Walter Pater*, ed. Lawrence Evans (Oxford: Clarendon Press, 1970), xxix, énfasis en el original.

[101] Pater, *The Renaissance*, xii.

[102] Pater, *The Renaissance*, xi.

[103] Pater, *The Renaissance*, x.

[104] Pater, *The Renaissance*, xii.

Casa", sin embargo, como Pater argumenta que nuestra impresión subjetiva revela más bien nuestra formación material, podríamos replantearnos su teoría de la apreciación artística—no como una apropiación idealista—sino como una rica interacción entre una sensibilidad encarnada y los poderes sensuales producidos por las obras de arte. Al igual que Florian recuerda que su sensibilidad está moldeada por su entorno material, la apreciación idiosincrásica de Pater de las obras de arte no hace sino afirmar su vínculo sensual con el mundo corpóreo. El "carmesí bondadoso" de los tapices flamencos le recordará a Florian las flores rojas de espino que de niño coleccionaba y perecían en un viejo armario (29), pero por muy idiosincrásica que sea la percepción de Florian de los tapices, sirve para recordarle su temprana educación estética por la tierra, y no, como en el caso de Marcel, que la memoria involuntaria funciona para apropiarse de las cosas en el dominio de la propia imaginación, sin cuerpo.

La escritura en sí misma es, para Pater, esta delineación de la individualidad, pero esta individualidad siempre sugiere tenuemente la propia historia ecológica y la formación material. Esta práctica del recuerdo que trae a la memoria la conexión olvidada entre individualidad y formación material puede convertirse en una teoría del arte. La casa en la que Florian vivió de niño, al presentarle sus predilecciones y explicarle sus anhelos, "se convierte gradualmente en una especie de santuario material o santuario del sentimiento; un sistema de simbolismo visible se entreteje a través de todos nuestros pensamientos y pasiones" (18). Aquí la casa se transforma en un objeto de arte, ya que no solo registra y da forma a los pensamientos y pasiones del héroe, sino que además da formas perceptibles y palpables a nuestra vida interior inmaterial. Es una metáfora concreta que exterioriza, explica y garantiza nuestra conexión con el mundo material. Lo que da la literatura, por tanto, es en sí misma una metáfora de nuestra habituación material. En su ensayo, "Estilo," Pater diferencia entre la "mente" voluntaria, que representa "sus caprichos irracionales y realmente poco característicos, involuntarios o afectados", y lo que él llama "el alma", como sustrato inefable subyacente a la verdadera expresión estética, que solo se manifiesta vagamente.[105] Para Pater, la literatura "no hace sino sugerir lo que nunca puede ser pronunciado, no como algo diferente o más oscuro que lo que realmente se dice, sino como algo que contiene esa sustancia plenaria de la que solo hay una fase o faceta en lo que allí se expresa."[106] Nuestro cuerpo es esta "sustancia plenaria", única en la medida en que cada una de ellas está conformada por un hogar único, indeleblemente real en la medida en que ha sido moldeada por múltiples

---

[105] Walter Pater, *Appreciations: With an Essay on Style* (Landon: Macmillan, 1895), 34.
[106] Pater, *Appreciations,* 24.

fuerzas medioambientales, precede a nuestra conciencia y revela solo una fracción de sí misma en la expresión literaria. La literatura, pues, funciona más bien como la casa en la que vivió Florian de niño, que da forma perceptible, y solo insinúa vagamente, una faceta de nuestro temperamento profundo y de nuestra historia ecológica. Al proponer que nuestra memoria no es inmaterial, que nuestra individualidad no es ideal, Pater permite finalmente que el recuerdo sea la práctica artística que registra nuestra conexión con el mundo material: es un esfuerzo que recuerda, con una piedad ética, que nuestra expresión individual se origina realmente en nuestra constitución material.

VII. Resumen de la Parte 2

En la segunda parte, exploro el género de la ficción autofilosófica a través de un análisis del retrato imaginario de Pater, que sitúa la filosofía en la vida y sirve como la medida más poderosa para probar cómo se siente una idea, así como lo que revela y obliga. *Marius el Epicúreo* de Pater es la ficción autofilosófica más pura en el sentido formal de que el héroe no se afilia a ninguna postura filosófica, sino que ofrece su vida a una búsqueda perpetua: el régimen de la educación estética de Marius consiste en una expansión de sus facultades de recepción para cortejar constantemente nuevas ideas, nuevas impresiones. A continuación, he analizado cómo cada escritor, a través de su propia ficción autofilosófica, trata de revelar las tensiones entre idea y vida, lo que a su vez revela ámbitos deseables de autocultivo.

Con el recurso a la memoria involuntaria, Marcel responde al enigma empirista de que nuestro intelecto tiene un acceso muy limitado a nuestra memoria sensual. Puesto que el mecanismo de la memoria involuntaria es que utiliza una sensación presente para convocar el edificio de su memoria sensual, transporta lo real a lo ideal, a lo que Deleuze se refiere como "el aprendizaje del arte."[107] Sin embargo, un crítico reflexivo no puede leer la memoria involuntaria simplemente como una solución filosófica al enigma empirista. La solución filosófica de Marcel se sitúa en el contexto de su fiasco amoroso, y revela así lo que sacrifica por el transporte idealista— Sin embargo, un crítico reflexivo no puede leer la memoria involuntaria simplemente como una solución filosófica al enigma empirista. La solución filosófica de Marcel se sitúa en el contexto de su fiasco amoroso, y revela así lo que sacrifica por el transporte idealista. A pesar de los intentos de Marcel por convencerse de la certeza de que las cosas solo existen en el reino ideal de su memoria, Marcel no sabe cómo cambiar la condición de su vida, como lo haría Pater ampliando el

---

[107] Gilles Deleuze, *Proust and Signs* (New York: G. Braziller, 1972), 65.

propio poder de recepción. Esta distinción entre convicción mental y autocultivo es importante, y mi propósito es mostrar que solo a través de una verdadera transformación del yo podría el artista escapar de su condición original y crear una nueva relación sujeto-objeto, y que la ficción autofilosófica es una medida para probar si la idea conduce a la transformación del yo.

En contraste con la fútil convicción mental de Marcel, en el resto de la Segunda Parte he esbozado los métodos de autodidactismo. Enfrentada al mismo predicamento empirista de que nuestra conciencia individual es altamente selectiva y sólo registra una fractura de sensaciones fugaces, Woolf sueña con formar parte del mundo, y su método consiste en relajar su conciencia individual y sumergirse en la sensación universal. Pero en *Las olas*, su ficción autofilosófica, Woolf pone a prueba su idea en el laboratorio de la vida y deja al descubierto los conflictos entre el ideal y la práctica: su ideal de ser una con las sensaciones universales es incompatible con su práctica de la escritura, que opone su conciencia a los objetos descritos. Es decir, la ficción autofilosófica de Woolf revela que no puede incorporar la escritura como régimen de su cultivo estético.

Finalmente, Pater reconcilia este conflicto entre el cultivo del yo y la práctica de la escritura en uno de sus retratos imaginarios, "El niño en la casa". En la obra, Pater reconceptualiza la escritura no como un acto de transporte o representación idealista, sino como una ética del recuerdo y la revelación de la propia formación material. Sólo cuando Pater demuestra que nuestra individualidad está en primer lugar encarnada, puede nuestra expresión única y original afirmar nuestra conexión con el mundo material.

Conclusión: Tres Requisitos para el Desantropocentrismo

Mi proyecto literario responde a los debates de actualidad sobre el desantropocentrismo, o a cómo podríamos escapar del ego kantiano y percibir el mundo de formas diferentes. La respuesta que doy es que no podemos tratar de esbozar un método universal a través del cual se nos garantice ganar el santo grial y ver la cosa-en-sí, ya que tal universalidad presupondría necesariamente un estándar humano. En consecuencia, sostengo que el desantropocentrismo debe formularse como la búsqueda, por parte de cada uno de nosotros, de nuestro propio enfoque individual para salir del núcleo humano, para expandirnos más allá de la percepción dada, recreando el yo. El método del desantropocentrismo no puede ser metafísico, universal y dado; debe ser siempre ético, individual y dictar un programa de recreación del yo.

Esta estética del yo, en la que el artista trabaja sobre la propia estructura de deseos y busca ampliar los propios poderes de recepción, podría llamarse arte. La teoría de este libro es precisamente que el arte encarna este paradigma metodológico del desantropocentrismo, y que cada obra de arte presenta una nueva forma de cómo un sujeto puede relacionarse con un objeto. El desantropocentrismo se logra cuando el artista crea una nueva relación con el mundo a través de la transformación del yo.

La Parte Uno del libro, "Artificialidad," trata por tanto de como los artistas Decandentes intentan subvertir el orgullo idealista reinterpretando el principio idealista de que el *arte es superior a naturaleza*, y en sus reinterpretaciones los encontramos inventando ingeniosas formas de relacionarse con la materialidad a través de recreaciones del yo: amando la piedra, subyugando las propias emociones y expresiones bajo una superficie material impasible, sufriendo sensaciones desconocidas hasta el desvarío de los sentidos. En la Parte Dos, "Ficción autofilosófica," se analizan las obras de Walter Pater, Marcel Proust, y Virginia Woolf en el entorno intelectual de la psicología empírica, donde los escritores buscan expandirse más allá del ego Kantiano y experimentar las sensaciones primigenias del mundo fenoménico. El género de la ficción autofilosófica demuestra que el arte difiere de la filosofía como la búsqueda del conocimiento difiere de la verdad universal y teórica. La ficción autofilosófica pone a prueba las ideas filosóficas en el laboratorio de la vida y muestra cómo cada escritor elige una idea en función de su temperamento y su experiencia, así como el modo en que cada idea da lugar a una visión del mundo y a un régimen de educación estética. En conjunto, estudio motivos del modernismo—como la artificialidad y la memoria sensorial—como escenarios en los que los artistas se esfuerzan por subvertir el legado idealista, a menudo mediante la recreación radical y el cultivo del yo.

Dentro del anclaje histórico del modernismo literario, hemos explorado un nuevo modo de pensamiento para abordar el problema de la finitud Kantiana. Ahora desearía destilar lo que hemos obtenido de forma definida y plasmarlo en tres requisitos como leyes para alcanzar el desantropocentrismo. Los tres requisitos sirven para evaluar si algún pensamiento filosófico o estético responde realmente a la llamada al desantropocentrismo.

Requisito uno: eliminar la ilusión del conocimiento, y quedarse donde Kant reconoce que no tenemos acceso a la cosa-en-sí. Hemos visto que la filosofía kantiana solo puede llamarse antropocéntrica cuando retrocede de su perspicacia sobre la finitud perceptiva y vuelve a elevar la razón humana como medida del conocimiento. Así pues, si queremos desafiar el antropocentrismo, el primer paso sería no romper la finitud perceptiva y cortar la correlación, sino eliminar la medida humana del conocimiento. No se trata de ningún tipo de subjetivismo o relativismo, sino de reconocer que los objetos son mucho más ricos de lo que se presentan a la percepción humana. Con la metáfora de Baudelaire de la esfinge pétrea, en la que define la búsqueda perpetua de la cosa como lo bello, vemos que solo en la medida en que reconocemos que la piedra es incomprensible e inaccesible, solo en la medida en que renunciamos a la falsa pretensión de conocimiento, podemos, paradójicamente, escapar de la razón *a priori* kantiana que nos confina al conocimiento humano.

Requisito dos: saber que nuestra relación con el mundo no es algo dado tal y como lo dicta Kant, sino una elección ética y estética sobre nosotros mismos. Tras reconocer que la verdad metafísica es en última instancia inalcanzable, nos queda una cuestión ética — ¿cómo planteamos entonces nuestra relación con un objeto? Esta pregunta es de naturaleza *ética* porque después de eliminar la ilusión del conocimiento absoluto, cómo nos relacionamos con la cosa es una elección que depende enteramente de nosotros mismos. Y con el término *ética* quiero decir que nuestra relación con el mundo no puede definirse por una verdad absoluta que hayamos descubierto, que incluso podría sugerirnos convenientemente un sistema moral predefinido, sino que tenemos que crear una relación con el mundo. Esta comprensión de la ética, al igual que la eliminación de lo absoluto, es afín al espíritu de la estética, como dice Nietzsche,

> Pues entre dos esferas absolutamente diferentes, como son el sujeto y el objeto, no hay causalidad, ni corrección, ni expresión, sino a lo sumo una forma *estética* de relacionarse, con lo que quiero decir una transferencia alusiva, una traducción balbuceante a un lenguaje muy diferente. Para lo

cual se requiere sin duda una esfera intermedia y una fuerza mediadora que pueda inventar libremente y crear libremente poesía.[1]

Entre los sujetos y los objetos, la razón humana es solo una de las formas posibles, la forma dada, de percibir el mundo. Pero siempre estamos creando otras interfaces de percibir el mundo, como hacen nuestro lenguaje, la cultura capitalista y los medios de comunicación consumistas. Los artistas son los que componen e inventan conscientemente la esfera intermedia entre el sujeto y el objeto. Esta relación creada entre el sujeto y el objeto puede denominarse estética, mientras que el valor que implementamos en el ámbito de la relación sujeto-objeto, como por ejemplo si la imaginación o la materialidad es ontológicamente más esencial, concierne a la ética. Nuestra relación con el objeto es fundamentalmente una relación creada, y una elección ética.

Nietzsche elige para sí la ética del nihilismo como su relación con el mundo,[2] que es una determinación a rechazar la posibilidad de cualquier verdad absoluta. Levinas, por otro ejemplo, elige estar en una búsqueda perpetua hacia el conocimiento, aunque nunca lo alcancemos. De un modo similar al amor no correspondido de Baudelaire por la piedra, Levinas propone un "deseo metafísico" que es más fuerte cuando el objeto de búsqueda es un Otro último, para siempre más allá de nuestra posesión: porque es precisamente esta separación del Objeto lo que provoca nuestro deseo de él.

El deseo es absoluto si el ser deseante es mortal y lo Deseado invisible. La invisibilidad no denota ausencia de relación; implica relaciones con lo que no se da, de lo que no se tiene idea.[3]

A lo largo del libro, he tratado programas concretos de cómo cada artista crea su propia manera de relacionarse con el mundo material: Huysmans confunde las categorías entre conceptos y sensaciones desconocidas, Woolf para sumergirse en la conmoción universal, Proust para buscar la memoria sensual perdida y Pater para delinear cómo la tierra sensual moldea la propia sensibilidad. Los caminos hacia el desantropocentrismo son ciertamente diversos, pero lo que importa es que cada uno de ellos encarna el ideal estético del artista y da forma a su yo en consecuencia. El desantropocentrismo solo puede alcanzarse a medida que las teorías se llevan a la práctica creativa.

---

[1] Friedrich Nietzsche, "On Truth and Lying in a Non-Moral Sense," en *The Birth of Tragedy and Other Writings* (Cambridge: Cambridge University Press, 1999), 148.
[2] Nietzsche, *The Will to* Power, p. 9, aphorisms 2 and 3.
[3] Emmanuel Levinas, *Totality and Infinity: An Essay on Exteriority*, trans. Alphonso Lingis (The Hague: Martinus Nijhoff Publishers, 1979), 34.

Requisito tres: podríamos escapar de la finitud humana con solo afirmar la posibilidad y la responsabilidad de la transformación subjetiva. Este es un elemento a menudo incomprendido, pero de hecho el más importante del desantropocentrismo: ¡*salir del centro humano y alejarnos de nosotros para ser otros*! Así, el libro aborda amplios ejemplos de cómo el artista puede crear conscientemente el propio deseo (amar la piedra inaccesible) o cultivar las propias facultades de recepción (quedarse con las impresiones fenoménicas antes de que entren en la razón kantiana). Suscribirnos a la exigencia del desantropocentrismo significa reconocer que nuestra vida debe ser vivida consciente y creativamente como una obra de arte, el autor de esta obra debemos ser nosotros mismos, y el camino debe ser de nuestra propia elección. La esencia del libro es tal que ningún filósofo puede encontrar con éxito la forma de escapar a la razón kantiana si procede con el método de reinterpretar la percepción humana dada. En su lugar, se requiere una transformación del yo—apartarse del estándar humano cuando emprendemos este camino solitario y peligroso—para lograr el desantropocentrismo. El libro propone una nueva metodología para la cuestión de la relación sujeto-objeto, que yo llamo estética—que la forma en que cada uno de nosotros se relaciona con el mundo no es una cuestión de perogrullada universal, sino de creación individual y de encuentros transformadores.[4]

---

[4] Se ha publicado una versión sobre los tres requisitos para el desantropocentrismo en Wu, "El sueño de una piedra," 419–21, que luego he revisado según las necesidades del argumento del libro.

Índice

Milton Keynes UK
Ingram Content Group UK Ltd.
UKHW051856140624
444031UK00013B/173/J